本书由河北省社会科学基金（HB19YJ011）资助

基于共享理念的城镇综合
能源利用体系研究

陈娟　齐玮　鲁斌　著

吉林大学出版社

·长春·

图书在版编目(CIP)数据

基于共享理念的城镇综合能源利用体系研究 / 陈娟,
齐玮,鲁斌著. -- 长春:吉林大学出版社,2022.5
ISBN 978-7-5768-0173-6

Ⅰ.①基… Ⅱ.①陈… ②齐… ③鲁… Ⅲ.①城市-
能源管理-研究-中国 Ⅳ.①F206

中国版本图书馆 CIP 数据核字(2022)第 141835 号

书　　名	基于共享理念的城镇综合能源利用体系研究	
	JIYU GONGXIANG LINIAN DE CHENGZHEN ZONGHE NENGYUAN LIYONG TIXI YANJIU	
作　　者	陈 娟 齐 玮 鲁 斌 著	
策划编辑	张维波	
责任编辑	郭湘怡	
责任校对	周　婷	
装帧设计	繁华教育	
出版发行	吉林大学出版社	
社　　址	长春市人民大街 4059 号	
邮政编码	130021	
发行电话	0431-89580028/29/21	
网　　址	http://www.jlup.com.cn	
电子邮箱	jldxcbs@sina.com	
印　　刷	定州启航印刷有限公司	
开　　本	787×1092　1/16	
印　　张	11	
字　　数	210 千字	
版　　次	2022 年 5 月　第 1 版	
印　　次	2022 年 5 月　第 1 次	
书　　号	ISBN 978-7-5768-0173-6	
定　　价	58.00 元	

版权所有　翻印必究

前　言

　　共享发展理念已经成为中国社会发展的总体目标,新一代信息技术的加速突破和应用,将使未来生活场景发生深刻改变。共享经济的本质是协同消费,而互联网与共享经济的结合,使共享经济显示出了极大的发展潜力和广阔的发展空间。党的十九届五中全会提出推进以人为核心的新型城镇化,对城镇化的发展提出了新目标和新内涵。我国是世界上城镇化进程最快的国家之一,但是作为城市高效可靠运行基础的能源系统在发展速度上明显滞后于城镇化的步伐。新冠病毒疫情给各行业发展带来了新的影响和挑战,经济转型、高质量的城镇化、产业结构的加速升级和数字经济的全域发展对能源系统提出了更高的要求。开展能源革命,建立可持续能源利用体系,实现智慧能源使用是未来城镇发展的必然趋势与要求。

　　信息技术的发展对社会经济生活产生了巨大影响,智慧型生产、"互联网＋"已经成为行业变革的重要方向。能源共享是共享城市的重要组成部分,而能源互联网的核心价值就是互联共享。能源互联网理念的提出及近年来的落地实践,为解决能源危机和环境危机提供了新的思路。能源设备与各类负荷资源凭借共享模式实现资源的再整合与优化配置既是能源互联网的发展基础,也是未来能源体系实现资源共享演化的过程。

　　在此背景下,建立低碳、灵活、绿色、安全、可靠、便利的城镇能源综合利用体系,对新型城镇化建设,可持续发展及双碳目标的实现都具有重要的理论意义和实际应用价值。鉴于此,本书结合我国城镇化发展的新趋势和新目标,对综合能源利用体系的构建进行了深入探讨。

　　本书基于共享理念,对城镇能源综合利用体系展开了系统研究,分析了能源利用与共享经济之间的关系,从城镇能源消费机理入手,剖析了城镇能源利用的现状,并结合影响城镇能源消费的关键因素,展开了未来城镇能源利用的多情景预测。在上述基础上,我们提出了城镇能源综合利用共享体系框架,以及城镇能源综合利用体系价值共创的新模式与机制,探讨了城镇能源综合利用共享体系的关键支撑技术和商业模式,为城镇能源综合利用共享体系的建设提供决策支持。

目 录

第1章 序 论

生态文明、绿色交通、绿色能源、低碳生活是未来城市发展的能源愿景。快速的城镇化和产业结构的不断调整与优化使能源消费的增量逐渐从传统制造的高耗能行业转向新兴服务业、居民生活、商业建筑、低碳高附加值制造业等。因此，能源消费由"以点为主"逐渐向"点-面协同分布"转变，构建智慧绿色综合能源体系成为能源转型的关键。伴随着能源技术的发展，能源行业呈现出一种新的发展趋势，即平价、智能、分享与互动。共享经济理念在许多行业得到了实践，并成为行业创新的动力。能源具有天然的共享基础，构建具有平台化、开放性、绿色高效和分布式特征的能源体系，实现能源全生命周期的转换、交互和分享，是提升城市能源体系综合效率的有效途径。

1.1 研究背景

共享经济这一理念于20世纪70年代首次提出，作为一种商业模式，被接受则可追溯到2000年。里夫金在其著作《零边际成本社会》中预测共享经济将颠覆许多国际大公司的运行模式。随着移动互联网信息技术的成熟以及"互联网＋"在各行各业的革命性影响，共享经济在我国显示出了极大的发展潜力和广阔的发展空间。共享经济基本覆盖了以商品再分配、有形产品服务、非有形资源协作式分享等主要生活场景，包括交通出行、空间使用、金融服务、医疗服务、公共资源、知识教育、生活服务、物品共享等领域。2016年共享经济中的知识技能、房屋住宿、医疗分享、金融、交通出行和生活服务等场景应用交易额增长都超过了100％，金融类场景应用市场交易规模高达2.08万亿元。[1] 2017年我国出台了《关于促进分享经济发展的指导性意见》，指出分享经济在推进我国供给侧结构性改革，促进社会创新发展方面有着积极作用，有益于资源利用效率和经济发展质量的提高。

---

[1] 国家信息中心："中国分享经济发展报告2017"，http：//www.sic.gov.cn/News/250/7737.html [2017－07－23].

　　共享经济是供需双方动态的生态圈，在共享经济商业模式下不会存在市场势力产生的影响。共享经济主要有四种商业模式，包括网络交易平台的商品销售与流转，非有形资源的共享协作，资产的产品服务共享系统，基于社交网络平台的资源、服务共享等。相比传统模式，在共享经济商业模式下，闲置资源以及需求等各类信息相对充分，企业利用信息技术实现供给和需求的最优匹配。现有共享经济以"资源＋平台＋数据"为核心的商业模式。共享经济下的机制分析集中于消费者与市场的信任机制、共享商品的运行机制、驱动机制。

　　党的十九大提出绿色发展是我国生态文明建设的首要任务，构建清洁低碳、安全高效的能源体系是能源革命的关键。在传统发展模式下，能源（物理）系统内各部门独立式发展，煤炭、石油、天然气、电力等部门形成了各自相对独立的子系统和产业链。尽管能源供给得到保障，但是能源部门的孤立发展和部门间的不平衡发展导致能源效率低下，资源浪费问题突出，能源发展滞后于社会发展。能源互联网的出现是能源技术与信息技术深入发展的融合，独立运行的能源设备在能源互联网下，通过共享模式实现了与负荷资源、设备之间的聚合与优化配置，因此，能源互联网被认为是解决能源危机和环境危机问题的有效途径。能源互联网解决传统能源发展存在问题的关键是通过及时的信息传输与调节，提高能源设备的使用效率，实现信息、能量和能源之间双向流动共享。能源互联网的不断发展是共享经济在能源行业的实践，也是各类型资源共享演化的过程。

1.2　研究意义

　　改革开放以来，我国能源市场开放程度日益提升，适应中国特色社会主义市场经济要求的能源治理方式改革进程加速，能源管理逐步向市场经济条件下的治理方式转型，能源社会治理力量不断增强。2019 年党的十九届四中全会通过了《推进国家治理体系和治理能力现代化若干重大问题的决定》，在坚持和完善生态文明制度体系方面，提出要"推进能源革命，构建清洁、低碳、安全高效的能源体系"。能源治理发展与工业化的历史演变密切相关，它是生产性活动和社会效益的关键投入。现代化的能源治理，已经从传统的防止能源供给中断发展演变为涉及能源价格、环境、技术、社会等多方面因素共同衡量的综合能源治理。2016年我国提出建立"一种互联网与能源生产、传输、存储、消费以及能源市场深度融合的能源产业发展新形态"，能源互联网成为能源发展的趋势。未来新城镇的发展必将涵盖科技园区、住宅区、综合商区、院校及科研、行政事业单位、医院等多种业态，用能主体多样、用能特性差异明显、存在较强的用能互补性，通过可再生能源利用、能源互联网建设、网络化储能系统、绿色交通体系成为去化石能源城镇。

传统能源系统"条块分割"的状况通过共享经济与互联网的结合将被改变，在能源开采、配送和利用上，传统的集中式将变为智能化的分布式。共享经济颠覆的不仅仅是传统业态模式，将有可能成为解决能源革命的关键。目前，自发自用和余电上网模式是能源领域对共享经济商业模式的尝试。共享能源服务商必须以自营或绑定的方式牢固掌握一定的网储资源，才能提供良好的服务，增强用户的稳定性，进而提高交易量和交易额。共享模式成为新能源汽车推广的主要方式，高效、便捷、共享、优惠的特征使其成为绿色交通体系的重要组成部分。目前，我国能源共享的研究尚处于探索和起步的阶段，较为零散的研究成果并不能满足我国能源转型，构建清洁低碳、经济高效、安全可靠的高质量能源体系的需要。因此，开展能源共享问题的理论框架与应用研究，是对创新驱动与绿色低碳发展理念的落实，也是对我国能源革命的积极响应。

第2章 能源利用和共享经济

能源在人类生存和发展过程中发挥着重要的作用。长久以来，人类赖以生存的能源主要以石油、煤炭等化石能源为主。化石能源的消耗一方面带来了温室效应，造成环境的污染，另一方面，由于化石能源的不可再生性，使我们的生产生活又同时面临着能源短缺的困境。因此，如何有效地利用能源、开发新能源已经成为世界各国关注的焦点。城镇综合能源共享体系是一项复杂的系统性工程，既涉及化石能源的高效利用，又与新能源的清洁利用密切相关，同时还包含了产、消各单元能源共享的创新元素。鉴于此，本章首先对能源利用和共享经济的相关概念、构成要素、基本特征及重要意义进行了梳理，为后面章节的研究奠定基础。

2.1 能源利用

为了更好地构建城镇综合能源利用体系，本节首先对能源的定义、分类、能源利用的历史、能源利用的重要意义和现有能源利用模式等相关理论知识进行了梳理。

2.1.1 能源的界定

能源是能量的来源，是能够提供能量的资源。简而言之，能源是指自然界中能够为人类提供某种形式能量的物质资源，既包括人类直接从自然界中获取的各种资源，也包括通过转换、加工等方式间接获取能量的各种资源，例如，煤、石油、天然气、太阳能、风、水、核燃料等。

2.1.2 能源的分类

能源的种类繁多，按照不同的分类方法，可以划分为不同的类别。本节分别从能源的生成年代、能源的产生方式、能源的性质、对环境的污染程度、是否具备商品属性、是否来源于地球等多个角度对能源进行了归类。

2.1.2.1 按生成年代划分

按生成年代不同,可以将能源划分为化石能源和生物质能源。化石能源是由古代生物死亡后在地底沉积衍生而来,主要由碳氢化合物及其衍生物构成,像煤炭、石油和天然气等都属于化石能源。在使用过程中,这类能源会产生大量的温室气体,有时还会伴随一些 SO_2、NO_x 等有毒气体的产生。比较之下,生物质能源的使用比较环保,也因此被称为绿色能源。早在远古时代开始,人类就开始利用生物质能源生活生产,比如,钻木取火、伐薪烧炭等都是古人使用生物质能源的一种方式。生物质能源来源于太阳能,其转化过程就是通过绿色植物的光合作用将 CO_2 和水合成生物质能,生物质能在使用过程中又可以被转化为水和 CO_2,如此循环往复从而使得生物质能源可以取之不尽,用之不竭。例如,沼气、生物柴油、燃料乙醇、生物制氢等是目前能够利用的生物质能源。

2.1.2.2 按产生的方式划分

按产生方式不同,可以将能源分为一次能源和二次能源。一次能源是指来自自然界的可以直接利用的能源,例如,煤、石油、天然气等。二次能源是指人类对自然界所提供的直接能源进行加工或转换所得到的能源,例如,蒸汽、煤气、电等。一次能源又包括可再生能源和不可再生能源。可再生能源指那些不需要人工再生就可以重复利用的能源,像太阳能、地热能、风能、海洋能等都属于可再生能源。不可再生能源指的是利用后短期不能再生或需要运用人工方式进行再生的能源,比如,石油、原子能、煤、油页岩等。

2.1.2.3 按能源的性质划分

按性质不同,可以将能源分为燃料型能源和非燃料型能源。燃料型能源是那些通过燃烧释放能量的能源,包括矿物燃料、核燃料、生物燃料、化学燃料等,燃料型能源一般通过释放热能为人类提供能量。非燃料型能源就是不需要以燃烧形式提供能量的能源,如太阳能、水能、潮汐能、地热能等。[1]

2.1.2.4 按对环境的污染程度划分

按在利用过程中是否对环境造成污染,可以将能源分为清洁能源和非清洁能源。清洁能源是指在使用过程中不会污染环境或对环境的污染程度较小的能源,如太阳能、风能、水能、电力。非清洁能源是指对使用过程中产生的废物处理不当而污染环境的能源,如煤炭、石油等。[2]

---

1 陈砺,王红林,方利国. 能源概述[M]. 北京:化学工业出版社,2009:4.

2 黄素逸,王晓墨. 节能概论[M]. 武汉:华中科技大学出版社,2008:7.

2.1.2.5 按是否具备商品属性划分

按是否具备商品属性，可以将能源划分为商品能源和非商品能源。商品能源指具备商品流通的属性，可以作为商品流通环境大量消费的能源，包括市场上销售的煤炭、石油、天然气、电力等。非商品能源指不能作为商品交换的能源，常指薪柴、秸秆废弃物、人畜排泄物经发酵产生的沼气、未能并网的小型电站发出的电力，常常在农村地区使用。[1]

2.1.2.6 按是否来源于地球划分

按是否来源于地球，可以将能源划分为来自地球本身蕴藏的能源、地球外天体的能源、地球和其他天体相互作用而产生的能源。地球外天体的能源主要指的是一切来自太阳的能源，包括太阳的直接辐射（太阳能）、经各种方式转换而形成的能源（煤炭、石油、天然气、油页岩等）。地球本身蕴藏的能源有地热能和核能。地球和其他天体相互作用而产生的能源常见于月球对地球的引力产生的潮汐能。[2]

2.1.3 能源利用的重要性

随着社会的进步和生产活动的不断发展，能源资源绝对数量的减少已经成为全社会关注的焦点。为避免因能源资源短缺对经济造成不利影响，除了节约使用能源外，人类也在努力开发新型能源，例如，风能、太阳能以及核能。但囿于使用条件的限制和技术条件的约束，新能源的开发与利用无法在短期内满足人类日益增长的能源需求。以核能为例，人类对于核能的利用始于 20 世纪，但是直到今天，世界上几乎所有国家的主要能源供应仍然来源于化石能源，核能占比较小。因此，从长远来看，必须结合能源利用率的提高以及技术创新才能够从根本上缓解能源紧张。只有通过不断探寻能源利用技术和能源利用模式的优化，才能实现能源效益的最大化。

2.1.4 能源利用的历史

学术界关于能源利用历史的普遍共识是，截至目前，能源利用共发生了三次重大转型，分别是由木柴到煤炭的第一次转型、由煤炭到油气的第二次转型和以新能源替代化石能源的第三次世界能源转型。能源利用方式的转型往往也意味着

1　周万清. 吉林省能源利用与经济可持续发展研究[D]. 吉林大学，2009.
2　陈砺，王红林，方利国. 能源概述[M]. 北京：化学工业出版社，2009：3.

社会生产技术的升级，通过这三次转型，人类社会实现了社会生产力的巨大飞跃以及物质生活的极大自由，能源利用的历史实质上也是人类社会的进步史。

2.1.4.1　木柴到煤炭的转型

人类对于能源利用的历史可以追溯到人类第一次使用火来制作熟食，进而取暖、保卫领地，火的使用扩大了食物的来源，改善了人类的体质，人类终于不再担心寒冷和野兽的威胁，种群有了更多发展机会。在这个阶段，人类通过不断摸索，掌握了钻木取火的人工取火方法，为人类进入文明时代创造了条件。在此后的很长一段时间里，人类的能源利用方式都是以木柴为主，畜力为辅，还发展了借助畜力的一些简单的水力和风力机械等。直至 18 世纪 60 年代，英国产业革命的兴起，蒸汽机的出现实现了由热能到机械能的转化，极大地提高了劳动生产力，同时也促进了煤矿开采技术的发展。20 世纪初，煤炭已经逐渐取代木柴成为人类社会能源利用的主要燃料。这一次转型使得人类利用的能源由热能转化到机械能，从根本上改变了人类社会的生产方式，直接导致第一次工业革命的爆发，极大降低了人类生产运输的生产成本，人类社会从此进入"蒸汽时代"。

2.1.4.2　煤炭到石油的转型

为克服蒸汽机过于笨重以及利用效率低的劣势，英国人博贝尔·斯垂特与法国工程师菲利普·勒邦提出了以松节油或煤气为燃料的内燃机设想，1883 年，戴姆勒发明了内燃机，其具备体积小、重量轻、效率高等特点，更适合移动式机械使用。一战爆发使人们对汽车、坦克、飞机、轮船等商品的需求大幅增加，这类能源利用技术也因此而得到快速推广，并且实现了人类对于石油、天然气等资源的高效开发与利用。这一次转型使机械化生产从纺织业等生产部门扩散到其他行业，引发了第二次工业革命。同时，也创造了一些新兴工业部门，如汽车、航空、冶金、造船，机械制造与交通等工业部门的技术革新也加速发展，[1] 成为人类文明进入"电气时代"和"信息时代"的重要支撑和技术保障。

2.1.4.3　新能源替代化石能源的转型

虽然以煤炭、石油为主的化石能源极大地促进了生产、科技和社会的发展，但不可再生、储量有限等特征是化石能源支撑经济可持续发展的重要阻碍。化石能源在利用过程中排放了大量温室气体，是全球升温、海平面上升的罪魁祸首。如果对这一问题不进行及时解决和控制，必将进一步危及人类的生存。2020 年，中国提出"碳中和""碳达峰"概念，推进高质量发展、碳循环发展的经济体系。这

1　高世宪，等．推动能源生产和消费革命研究[M].北京：中国经济出版社，2014：75.

一远景目标的实现，除了提高化石能源的利用率外，更多地依赖于新能源的开发与利用。与化石能源相比，新能源具备取之不尽的特点。随着科技的进步，人类能源利用技术逐渐成熟，新能源一定能弥补化石能源的缺口。从世界能源利用发展的历史可以看出，前两次转型都呈现出能量密度不断上升、能源形态由固态到液态再到气态、能源品质由高碳到低碳的发展趋势及规律，能源技术将由以资源优势主导转化为以技术优势主导，能源结构将从以一次能源直接消费为以主调整为电气化二次能源为主，形成以"新能源＋智能化"的智能时代。

2.1.5 现有能源利用模式

为提高能源利用效率，达到节约能源的目的，人类不断探索能源利用新模式。目前，常见的能源利用模式有太阳能利用模式、生物质能利用模式、风能利用模式、天然气利用模式、海洋能利用模型和其他能源利用模式。

2.1.5.1 太阳能利用模式

太阳能，即太阳辐射能，具有含量丰富且无污染的优势，是目前被国际公认的未来最具竞争性的能源之一。太阳能利用模式是指人类利用技术将太阳能转化为热能、电力以及其他能量的利用方式，主要分为光化学转换、光热转换和光电转换。

太阳能光化学转换是将太阳辐射能转换为氢的化学自由能，即利用可再生的太阳能制造二次能源，也称为太阳能制氢。氢能是最理想的没有被污染的二次能源，利用太阳能制氢，对于解决能源短缺具有重要的意义，从而被越来越多的科学家重视。太阳能的光热转换是直接收集太阳光辐射能，将其转换为热能加以利用。对太阳能进行光热转换是当前太阳能利用的最主要模式。目前，在光热转换上被广泛应用的主要有太阳能热水器、太阳能采暖房、太阳能干燥装置、太阳炉、太阳能制冷、太阳能地膜等。

光电转换是指利用光生伏特效应原理，利用太阳能电池板将太阳光能转化为电能，实现二次利用。目前比较常见的一种光电转换产品就是太阳能电池，这种电池能够直接将太阳能转换成电能。太阳能光电转换的应用领域比较广泛，主要应用在航天器、电动车、船舶、照明灯、灯塔、船标、无线电话、气象站以及电子玩具、电子表、计算器等领域。除了清洁、绿色外，太阳能利用的优点还有可以就地取材、取之不尽，特别是在一些偏远地区，如山区、沙漠、岛屿等地，其应用更加方便快捷。但由于太阳能的单位面积入射功率很小，如果想要得到较大功率，就要有较大的受光面积，这一缺陷使太阳能被广泛推广受到限制。此外，受气候、季节、时间等因素的影响，太阳能利用的随机性很大，这无疑增加了利用的成本。

2.1.5.2　生物质能利用模式

生物质能利用模式指对非矿物燃料的有机物进行物理、化学、生物等不同方式的利用，主要包括直接燃烧、物理转换、热化学转换、生物转换四种模式。直接燃烧是最传统也是最普遍的一种生物质能利用模式，广泛应用于农村地区。生物质燃烧产生的能源可应用于烹饪、供热、发电等领域。物理转换指通过物理过程对生物质原料加工（如干燥和压块成形）提高其能源密度。例如，将松散的秸秆、树枝、木屑等农林废弃物挤压成固体燃料，改善其燃烧特性，提高其燃烧效率，达到减少对环境污染的目的。热化学转换指通过化学手段将生物质能转换成气体或液体燃料，提高能源利用效率。其中，高温分解方法可得木炭等优质固体燃料，生物质的快速热解液化技术得到液体燃料和重要的化工副产品。生物转换指借助厌氧消化和生物酶技术将生物质转换成液体或固体燃料，如农村沼气池得到沼气等气体燃料，工厂的厌氧污水处理工程得到乙醇等液体燃料。

2.1.5.3　风能利用模式

风能是一种安全、清洁、绿色的可再生能源，对人类可持续发展具有重要意义。风能的利用主要有风力提水、风力发电、风力助航、风力致热四种模式。风力提水是利用机械能和电能将风力转换为动力，将水由低处泵到高处的过程。风力提水在农田灌溉、牲畜用水、水产养殖、制盐等领域都有广泛的应用。利用风能发电，是目前风能最普遍的利用模式。风力发电就是把风能转化为机械能，再转换为电能。早在 20 世纪初，科学家就开始尝试利用风力发电，目前已经有了非常广泛的应用。风力发电的模式主要有三种：独立运行、与其他发电方式相结合、风力发电并入电网。风力助航早在 3000 年前就应用于航海业，当时船舶的航行主要借助风力。如今，为了提高航速和节约能源，现代船舶利用风帆驱动以及内燃机驱动合理分配来航行。例如，航运大国日本通过风力助航，使节油率达到 15%。风力致热指将风能转变成热能，主要有四种方式：液体搅拌致热、固体摩擦致热、挤压液体致热和涡电流法致热，应用于住房采暖、浴室供热、温室采暖等领域。风力致热是目前利用效率最高的一种风能利用模式。

2.1.5.4　天然气利用模式

天然气利用模式包括天然气发电、城市燃气以及天然气汽车等。天然气发电指以天然气为燃料的微型发电机和电网相连，进而在任何地方都能实现独立发电，其优点在于热效率高、排放污染少、建设周期短、占地面积少等。城市燃气指使用天然气作为煤炭以及薪柴的替代物，进而为居民提供热能。天然气汽车指汽油和天然气混合燃料供给汽缸燃烧，产生动力，可有效减少汽车排放一氧化碳、碳氢化合物、氮氢化合物、二氧化碳，具备能耗低、排污少、安全性能高的特点。[1]

2.1.5.5　海洋能利用模式

海洋能是与海水相联系的可再生能源，即海洋中的潮汐能、波浪能、海洋温差能、海洋盐差能、海流能等。海洋能的利用就是用一定的设备和技术方法将上述海洋能转换为电能或其他能源。当前，海洋能的利用模式主要是发电，例如：潮汐发电、温差发电、盐差能发电、海流发电。其优点是清洁、安全、有规律可循。但由于海洋能分散在广阔的地域，大部分远离用电中心，因此只有一小部分能够被开发利用。此外，开采成本高，技术受限也是目前海洋能利用效率低的原因之一。

2.1.5.6　其他能源利用模式

除此之外，煤的能源利用模式有直接燃烧供热、发电，通过燃烧生产热能及电能形成副产品煤渣、水泥、过滤材料等。石油的能源利用模式主要是经炼制和加工后得到汽油、煤油、柴油、液化石油气等油品，汽油、煤油、柴油等基本作为交通工具的燃料，为其提供动能。氢能能源利用模式包括氢－电互补、氢燃料电池等。氢－电互补指为解决能源峰谷波动采取氢能和电能互换进而提高能源利用效率，氢能－电能主要通过氢能燃烧发电，电能－氢能主要通过电解水制氢；氢燃料电池基本原理是电解水的逆反应，其具备零污染、可再生、加氢快、续航足等优势，但是制氢、储氢的成本过高。

2.2　共享经济

2.2.1　共享经济的内涵

2.2.1.1　共享经济的概念

共享经济又称为分享经济，属于协同消费模式，是借助信息网络技术，通过第三方平台将商品供需双方连接在一起，在不拥有商品的前提下，通过转移暂时闲置资源的使用权来提高资源利用效率，并同时获取经济利益的一种新型经济模式。

1　陈砺，王红林，方利国．能源概述[M]．北京：化学工业出版社，2009：77-84.

作为一种新的经济模式，共享经济通过移动互联网将闲置资源的供给和需求连接到一起，在一定程度上能够提高资源的利用效率，并实现资源的有效配置。互联网和信息技术平台是实现共享经济技术的基础，它主要以相关产品或服务的供应商和需求者平台为起点，所有权、使用权及相关服务是平台提供的产品。为保障资源的高效流动，平台主要通过市场机制对资源进行配置。

2.2.1.2　共享经济的特征

1. 供给方与需求方活跃的共享行为是共享经济发展的源泉

供给方和需求方是共享经济必不可少的构成要素和重要的参与者，没有供给方和需求方的积极参与，共享经济就没有了存在的价值和意义。正是由于共享经济中供给方和需求方的交互活动，才推动了共享经济的发展。与传统经济模式不同，在共享经济模式下，人与人交易的对象不再是物品（资源）本身，而是物品（资源）的使用权。同时，没有一成不变的供给者和需求方，随着时间的变化和环境的变化，供给方和需求方还会出现身份互换。在共享经济中，每个参与者都有可能既是供给方又是需求方。正是通过人与人之间这种活跃的共享行为，才有了共享经济。

2. 完善的网络共享平台是共享经济顺利实施的载体

由于共享经济的供需双方一般都是个体而非组织，这就需要借助网络平台来整合数量庞大的供给个体，从而形成各具特色的供货池和需求各异的消费群体。通过互联网，人们重新获得了对社会群体的信心，社会化网络的新规则也打破了原来的生活方式，创造了一个开放的、高度参与的以及充分自由的新社会。网络平台是共享经济商业模式运行的重要载体，共享经济的规则、信任机制、资源都依赖于网络平台，共享经济商业模式能否顺利实施很大程度上取决于网络平台的高效运转。共享网络平台可以完成依个人力量不能完成的事情，能够为参与者提供尽可能完全的信息，并在最短时间内实现供需方的连接。通过收取一定的佣金，网络平台向供需方提供交易机会，从而使共享经济的商业运作成为一种可能。因此，共享经济的网络平台公司是共享经济不可或缺的条件，是整个共享经济能否成功运行的重要前提。

3. 闲置资源使用权的分享是共享经济正常运转的核心

共享经济的交换建立在两权分离的基础之上，所有权的价值通过使用权的流转来实现，而不是产权的封闭独占。[1] 共享经济模式的本质是直接转让物品的使

---

[1]　任朝旺，任玉娜. 共享经济之辨[J]. 贵州社会科学，2020(04)：123-128.

用权，共享经济不涉及所有权的转让，共享经济下消费者购买到的不是资源或服务的所有权，而是其使用权，个人闲置物品或资源使用权的分享才是共享经济的核心。共享经济理念改变了人们对传统消费理念的认知，强调的是消费的过程，而不在意是否拥有所交易的物品或资源。例如，可以通过拥有某辆车或者某套房的使用权，在不拥有它们的条件下，实现出行或者居住一段时间的目标。

4. 信任机制是共享经济可持续发展的基础

共享经济是建立在人与人之间互相信任基础之上的一种经济形态，它以互帮互助的文化理念为指导，需要人们在交往中彼此间的相互信任和积极参与。在共享经济的作用下，不断强化个体之间的分享、合作、社交和忠诚度，从而形成一种动态的社会行为。同时，伴随着各种共享形式的出现，那些被共享的物品成了传递陌生人之间信任的工具。

在传统的商业模式下，交易双方往往是各取所需。而在共享社会中，信誉资产是获取陌生人信任的凭证，并且帮助人们树立对社区生活的信念。用户借助共享平台将房屋、汽车、电脑等实物资产和技术、服务等无形资产分享出去，分享的核心在于提供物品或服务的使用，而不是占有这些物品和服务。由此可见，共享经济实质上就是一种信任经济。信任是个体间产生分享行为的前提，而信任制度决定着信任的程度，进而影响着共享活动和平台的发展。共享经济中的信任涉及供需双方、平台和产品。比如，如果用户预订了某平台的顺风车，那么他首先要关注的是这个顺风车司机有没有犯罪意图，至于这位司机的驾驶技术是否高超反而显得没那么重要。

5. 系统的开放性是共享经济高效运行的保障

共享经济具有开放性，更重要的是其开放程度决定了物品和资源的流通效率。共享经济面向所有提供闲置资源的供给方和有资源需求的需求方，同样向所有能够满足条件的共享平台开放。从目前存在的共享平台来看，大多数平台的进入门槛都不算高。数字化促进了民主化，通过降低应用程序创建者的进入壁垒来促进创业和创新，平台创新的成本相对于传统创新也较低。此外，开源解决方案和云服务等有助于降低开发成本。因此，共享经济的进入门槛相对较低，任何个人或组织都可以轻松地创建共享经济服务或平台。

2.2.1.3 共享经济体系的构成要素

空闲资源的获取和自由贸易网络的建立是保证共享经济正常运行的两个最重要的条件。在产能过剩的条件下，大量资源因闲置而无法得到充分利用，造成资源的浪费与低利用率。共享经济的出现，将大量分散的资源通过互联网等现代信息技术整合起来，既可以满足多样化需求，又可以提高资源的利用效率。具体来说共享经济体系的构成要素主要有以下几方面。

1. 交易主体

与普通的商品交易以获得商品的所有权为目的不同，共享经济交易是处于闲置状态的资源或服务的使用权，以提高物品使用效率为目标。从这个角度来看，其交易主体包括闲置资源的出租者和租借者。出租者一般拥有闲置资源和服务，并且愿意暂时转移这些资源和服务的使用权。比较之下，租借者是那些存在着对资源和服务的需求，并且愿意为获取暂时使用这些资源和服务而支付一定的费用。共享经济是一个动态的生态圈，它打破了生产与消费的界限。每个租借者和出租者既可以是闲置资源的供给方，也可以转化为闲置资源的需求方，这种方式决定了整个交易市场的无限外延扩张能力，蕴含着巨大的市场潜力，这也赋予了共享经济独特的优势。

2. 交易客体

在共享经济体系中，出租者和租借者交易的对象是具有使用价值的商品或服务，具有以下特点：一是该商品或服务购置成本高，或者体积庞大，受时空限制难以随身携带，例如，房产、汽车、高性能的仪器设备；二是满足租借者的临时需求，无须获取商品或服务的所有权，例如，与技能相关的商品或服务；三是出租者不常使用，大部分时间处于闲置状态。这样，由不同个体提供的形形色色的闲置资源形成资产池，从而为共享经济的产生提供了条件和物质基础。

3. 共享平台

只有将闲置资源和服务的出租方和租借方进行精准的匹配和连接，才能实现生产要素的社会化，并提高存量资产的利用效率。共享平台通过互联网与信息技术将闲置资源的供给方与需求方联系到一起，运用位置共享、大数据算法等工具对供求双方进行精准匹配，从而降低了个体之间自主搜索、匹配的交易成本，在更大程度上发挥协调调配功能，实现供给方与需求方的互助互利。共享平台的存在，为共享经济节省了传统经济下创造资源池所需要的启动资源资金。由于不存在基于产品或和服务本身的固定成本支出，共享平台的成本主要来自与共享经济平台维护相关的支出，大多属于轻资产运营。因此，平台运行的资金风险较小。共享经济平台的收入主要来源于向供需双方提供交易机会所获得的佣金。这样，共享经济平台能够为供需双方提供具有针对性的多种服务模式，比如，一对一、一对多等，通过高效率的对接与精准匹配，提高闲置资源的利用效率。

综上所述，我们得到了共享经济的框架图，如图 2-1 所示。

图 2-1　共享经济的框架

2.2.2　共享经济的理论基础和驱动因素

2.2.2.1　理论基础

1. 交易成本理论

交易成本理论最早由诺贝尔经济学奖得主科斯（Coase R. H.，1937）提出，用来分析企业的性质。所谓交易成本可以看成是围绕交易所产生的成本。从本质上来说，只要有人与人之间的交往就会有交易成本，它是人类社会活动不可缺少的一部分。根据交易成本理论，共享经济产生的主要原因在于通过大幅度降低搜寻成本、信息成本和执行成本等交易成本，使买卖合约变为一种租赁合约。共享平台将所有分散的信息集合到一起，从根本上降低了对闲置资源和服务的搜寻成本和这些物品供给的不确定性。同时，还通过向租借者和出租者选择何时进入和退出市场提供合理化建议，来创造一个真正由供求决定的有效市场。共享平台在海量信息的处理上也有出色的表现，一方面，平台会对大量数据、信息和用户进行分析，根据客户需求提供相关报告和数据的个性化服务；另一方面，平台能够在最短时间内运用云计算和数据库算法对出租者和租借者进行匹配，并能按照用户的偏好进行动态调整。此外，共享经济体系是建立在信息技术和信用机制基础之上的，可以对用户和平台进行事前监督与监管，通过规范用户和平台的行为，使执行成本大幅度下降。例如，共享平台会对租借者取消订单的数量进行约束，如果单日超过规定的数量，会对其进行罚款；而对于出租者的违约行为，可以通过降低其信用评级来进行约束。

2. 协同消费理论

协同消费是共享经济的另一理论基础。该理论是指利用移动互联网、大数据等技术进行对闲置资源和服务进行整合重构，降低消费者的购买成本，打破原有商业规则的全新商业模式。作为一种消费协同模式，共享经济的本质在于共享物品或服务的使用权，实现对闲置资源的再配置。

　　共享就是将我们拥有的资源或服务分享给他人使用，同时也可以从其他人那里获得资源或服务以供我们使用的过程和行为。由于弱化所有权的消费理念，共享经济就相当于协同消费。协同消费是一种新的消费体验，不仅提高了人们的节约能力和盈利能力，减少了生态足迹和碳排放，还同时加强了社交联系。协同消费是共享经济的一种商业运营模式，是共享经济大规模向消费领域渗透的必然产物，是共享经济在消费领域的具体体现。协同消费作为一种精准高效的资源配置和再分配机制，不仅实现了共享经济时代商业模式和资源使用效率的重大变革，而且催生了生产与消费关系前所未有的革命。

　　协同消费涉及转售、交易、借贷和租赁、交换等多项内容，并通过协调、调配闲置资源来收取费用。交换和消费行为建立在人与人之间的关系上而非传统地建立在供求基础之上的市场关系，无须依附于所有权的转移。在协同消费的过程中，人与物、人与人之间的关系被赋予了新的内涵。消费者在不拥有某种物品甚至仅仅触摸它时，也会产生所有的体验。共享经济打破了人与人之间、人与物质和财产之间相关联的等级和界限，供需双方也因此实现了延伸和扩展。

3. 多边平台理论

　　多边平台理论认为多边交易平台的广泛建立是共享经济产生和发展的重要条件，这也是共享经济得以存在的基础。只有通过多边交易平台才能实现经济资源的共享，才能使消费者的多元化需求得到满足。通过共享经济的平台作用，闲置资源和服务的所有者和使用者之间达成直接交易，并形成了双边交易市场。那些闲置的资源和服务得到了更高效的利用，市场竞争氛围浓厚，也为消费者提供了更多的选择。作为互联网背景下的新经济、新商业形态，共享经济通过借助网络等第三方平台，将供给方闲置资源的使用权暂时性转移，通过提高存量资产的使用效率为需求方创造价值，促进社会经济的可持续发展。

2.2.2.2　驱动因素

　　共享经济的产生是多因素共同作用的结果，这其中包括行为习惯、硬件、软件、技术等因素。

1. 消费行为的改变

　　拥有所有权是传统经济模式下商品消费的主要方式，随着科技的进步和社会的发展，商品和服务的临时使用方式吸引着越来越多的消费者。在互联网时代，人们的消费观念发生了很大的转变，不再专注于所有权的获取，而是更关心物品的使用权，这为共享经济的产生奠定了基础。同时，随着大数据、云计算、第三方支付的广泛使用，人们的认知观念进入了转轨阶段，先进的共享理念正在逐步替代传统的消费理念，共享已经成为一种全新的生活方式，消费者在购买产品时考虑更多的不是能否一直拥有，而是未来能否实现共享。

2. 互联网技术和社交网络的发展

移动互联网的迅速发展推动了共享经济的产生，社交网络和社交平台则为共享经济的发展提供了条件。

移动互联网的发展是共享经济产生和发展的最基本的条件，它打破了时空的限制，快速地把各种分散的信息集合到一起。在互联网时代到来之前，人们的生产消费活动很大程度上受限于物理世界，只能按地理区位分布于城市和乡村之中。而在互联网时代，互联网技术可以帮助人们在更短的时间内来实现交易匹配，快速便捷地找到自己所需的产品和服务的共享渠道。同时，伴随我国网络技术的快速提升，移动终端设施的利用率呈现出迅猛增长的势头。借助移动终端，用户可以及时浏览平台上的各种信息，加上平台建立的信誉制度，闲置资源和物品的供求双方可以迅速地了解产品、出租方、租借方，甄别出对自己有利的信息。由于打破了时空的限制，来自不同国家或地区、不同收入水平的消费者都可以广泛地参与到共享经济中来，一方面利用互联网平台分享自己的闲置资源和服务，另一方面还可以寻找符合自己需求的资源和物品。技术的发展打破了物理世界的限制，使得不同收入水平、不同地区的消费者进入共享市场成为一种可能。同时，交易手段和交易环境的不断改进和完善，越来越多的社会资源会进入共享市场。在这种模式下，人们能够以较少的支付使用资源和服务，无须获得使用权就能使多样化需求得到满足。

3. 金融交易便利性的增加

当前，人们对于第三方支付并不陌生，便捷的交易方式给生活带来了极大的便利，并且能够避免假币事件的发生。第三方支付的兴起和发展在很大程度上推动了共享经济的发展。第三方支付为共享经济供需双方提供了软件基础，加上人们对在线支付越来越积极的态度，金融交易便利性的提高也会推动共享经济的发展。

4. 传统经济模式的不足

传统经济模式无法满足时代发展需求，其在时代发展中面临着较多问题，比如，效率低、交易成本高、信息不对称等。共享经济的出现能够有效弥补传统经济模式的不足，共享经济节省了交易费用，提高了资源的利用效率，通过共享平台能够解决供需双方信息不对称问题。

2.2.3　共享经济的意义

2.2.3.1　优化资源配置，提高资源利用效率

共享经济的"共享"体现在：将分散的闲置资源依托平台化的贸易网络进行整合再利用。在这个过程中，共享经济用一种创新的模式有效化解了资源闲置问题。资源闲置阻碍了资源配置效率的提升和产业结构的升级，而共享经济模式不仅可以将闲置资源代入流转，创造价值，而且能够实现闲置资源供给方和需求方的精准匹配。从这一角度出发，共享经济有利于盘活存量供给，实现资源的重复利用，激发市场的潜力，助推供给侧结构性改革。

2.2.3.2　减少能源消耗，实现绿色发展

党的十九大报告明确指出，当前我国经济已由高速增长阶段转向高质量发展阶段。作为一种新的经济形态，共享经济从本质上讲具有节约资源和环境友好的内在属性。通过改变人们的消费方式，共享经济在满足人们各种需求的同时，能够实现生态环境的改善，符合"创新、协调、绿色、开放、共享"的新发展理念和"3060"双碳发展目标。按照国家信息中心的分类，目前共享经济已涵盖了交通出行、共享住宿、生活服务、知识技能、共享医疗、共享办公和生产能力七大领域，例如，共享单车、共享汽车、共享充电宝的推广使用就显著降低了碳污染物排放。

2.2.3.3　改变消费者观念，提升消费等级

随着科技进步和经济社会的快速发展，消费规模的扩大和消费需求的多样化日益显著。作为一种新兴经济形态，共享经济激发了消费者潜在的经济需求，以共享单车为例，通过扫描二维码支付骑行，不仅精准地实现了消费者和产品的对接，满足了消费者骑行的需求，同时也降低了市场交易成本，提高了市场信息的透明度。共享型服务以其便捷、普惠的特性渗透于人们生活的各个领域，消费者对商品使用权的注重替代了以往对商品所有权的追求。共享经济将成为以推进国内循环为主题，国内国际双循环相互促进的新发展格局的新的增长点。

2.2.3.4　提高就业水平，提升社会福利

共享经济的发展为社会创造了大量就业岗位，在一定程度上起到了就业的"缓冲器"和"蓄水池"的作用。根据国家信息中心发布的《中国共享经济发展报告（2021）》显示，2020 年，我国共享经济参与者人数约为 8.3 亿人，其中服务者提供约为 8400 万人，同比增长约 7.7%；平台企业员工数约 631 万人，同比增长约1.3%。（图 2-2）

图 2-2   2017－2020 年我国共享平台企业员工数

基于共享平台的就业形态，有利于缓解重点人群就业压力，应对就业市场的不确定性。主要表现在以下三方面：第一，拓宽就业领域。通过与多产业渗透融合，共享经济不断创造新的就业，丰富了就业岗位的种类，为劳动者提供了更广阔的空间。这其中既有知识密集型岗位，例如，软件开发、在线教育、健康管理等；也有技术熟练型岗位，例如，外卖骑手、网约车司机、电商主播、在线客服等。第二，创新劳动模式。共享企业在人才招聘和录用上具有包容性和灵活性的优势，除传统的"全日制"劳动者以外，大部分共享企业员工由兼职或机动就业人员组成，只要能按照合同约定提供共享服务，劳动者们都可以按照自己的时间、掌握的技能等条件，有选择性地加入或退出工作岗位，极具自主性。第三，提高劳动者收入。共享平台企业吸纳了传统淘汰行业、产能过剩行业、失业和就业不充分群体，能及时调整劳动力市场的供需，提高社会福利。

2.2.4 共享经济与传统经济的比较

2.2.4.1 参与要素不同

在传统经济模式下，参与供需活动的主体多为机构或组织。而在共享经济中，个人是参与买卖活动的主体，每个人都可以参与到市场供需活动中来。共享经济的主体也不固定，同一个主体中既可以是市场中的供给者，也可以是需求者。相对于市场参与客体，共享经济以分散的闲置资源和服务为交易对象，不仅包括以实物形式存在的商品，也包括无形的知识、技能及空间，打破了在传统经济中，由生产部门提供产品，服务部门提供服务，批量生产标准化的产品和服务的局面。除此之外，共享经济的顺利推广还离不开互联网平台，依托互联网平台在最短的时间内对供需方进行撮合，以达到提高资源的利用和配置效率的作用，真正实现物尽其用。

2.2.4.2 产权观念不同

传统的消费即占有理念注重拥有产品和服务所有权，而共享经济由于其开放流动的特征,产权观念也从追求所有权过渡到追求使用权,协同共享理念使满足消费者需求的方式从"所有"转变为"所用"。在共享经济下,需求方不再强调资源或服务的占有,当参与者有需要时,可以以租借的方式获取相关的资源或服务;相反,当参与者有闲置资源或服务时,可以将其出租给他人使用。在这个过程中,转让的是资源或服务的使用权,而非所有权。

2.2.4.3　价值追求不同

传统经济以利润为出发点,用增量来衡量生产水平,企业追求的是生产的规模化和标准化。为了最大限度占据市场,企业会不断提高生产水平,降低产品价格。比较之下,共享经济降低了对增量的要求,更加注重存量资源的盘活利用。由此看来,传统的规模经济反倒成了共享经济的劣势。根据个性化需求定制的产品和服务更能满足消费者多样化的需求,适度消费提升了资源的利用效率,有利于资源的节约和可持续发展。因此,共享经济体现了绿色发展理念。

2.2.4.4　价值创造方式不同

传统经济是一条从投入生产资料、生产、销售到分配的以单向流动为特征的财富分配链,价值创造的终点是消费者。同时,生产和消费的脱节,使与生产相联系的供给方和与消费相联系的需求方必须通过市场才能实现价值的创造和产品的分配,价值创造过程也因此具有一定的封闭性。比较之下,共享经济与传统经济最大的不同就是前者借助第三方平台——互联网平台来创造价值。作为分布式的要素及其中心,互联网平台模糊了供需边界,激活了闲置资源和服务利用价值和潜力,实现了生产和消费在时间和空间上的匹配。不仅使消费者得到了资源的使用价值,而且提升了社会福利,创造了情感价值。

2.2.4.5　资产管理模式不同

传统经济模式关注重资产运营,更依赖于固定资产和专业性生产资料的投入,这种运营形态更加依赖于资金的大量投入和生产资源的消耗,并最终通过实现规模经济来获取利润,运营风险也比较大。共享经济推崇轻资产运营,更依赖于知识、技术、人力等无形生产要素的投入,强调用最轻的资产去撬动最多的资源,以实现最大的价值。

2.2.5　共享经济的商业模式和盈利模式

2.2.5.1　商业模式

目前比较常见的共享经济商业模式主要有:有偿共享模式、对等共享模式、劳动共享模式、众筹共享模式等。

1. 有偿共享模式

有偿共享模式是目前比较成熟也比较普遍的一种共享经济模式。该模式就是把自己不用的资源和物品，以有偿的方式分享给别人使用。在有偿共享模式下，首先出租方要有闲置的资源和服务可以提供，租借方则存在着与这一资源和服务对应的需求。这样租借双方就可以通过共享平台，进行闲置资源和服务的租借活动。为了营造相互信任的交易环境，更快地建立起共享经济主体之间的信任机制，有偿共享模式多由政府和社会监管机构进行组织和监督。同时，共享平台中的实时交易通过第三方支付平台进行，如图 2-3 所示。

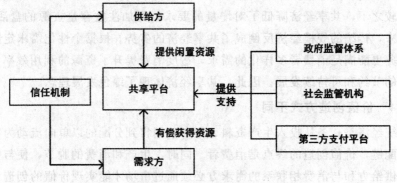

图 2-3　有偿共享模式

目前发展比较成熟的"知识(内容)付费"就属于典型的有偿分享模式，在诸如"知乎""豆瓣"等大型知识技能共享 App 上，提供的内容既可以与大家免费共享，也可以间接创造价值。相对稀缺的信息，使用者可以通过付费的方式获取。这种因信息不对称带来的共享，不仅为信息提供方和使用方创造了价值，而且也加快了闲置资源的流动速度，真正体现出了共享的价值和意义。此外，当下流行的共享出行企业也属于这种模式。以共享单车为例，通过扫码在一定时间内支付单车使用费，出行者们可以骑单车进行短途旅行。这种商业模式在各个共享领域都有应用，以互联网技术搭建的信息平台为核心，既可以节省时间成本，为供需双方提供便利，又可以盘活闲置资源和服务，加速资源的循环流转。

2. 对等共享模式

除了有偿共享模式外，对等共享模式也是一种比较受欢迎的共享模式。这一模式的参与主体可以是个人，也可以是组织，它的主要特征是无报酬共享。在该模式下，参与活动的个体或组织能相互交换使用资源和服务，但不需要向对方支付费用。因此，也可以将其理解为"物物交换"模式。

对等共享模式共享的不一定是传统意义上的物品、知识或技能，也可以是无法移动的空间和文化环境等。例如，某人去外地旅行，他的空闲居所可以与外地要来他的居住地旅行的旅行者进行交换使用。这一模式在教育服务领域比较适用，例如，城乡儿童互换体验生活、国内外之间的交换生活动也是一种典型的对等共享模式。在这一模式下，参与双方都不需要投入过多资金，重在通过交换实现"1+1>2"的效果。值得一提的是，点对点共享不仅仅是资源和服务的交换，在这个过程中也会创造一定的情感价值和文化体验。

3. 劳务共享模式

在现代社会生活中，一方面，存在着大量碎片化、闲置与没有充分利用的劳务资源，另一方面，生活节奏的加快使时间变成了越来越宝贵的资源。在劳务共享模式下，可以把自己多余的时间卖出去来满足他人的需求。共享平台作为劳资双方按需结合的接入口，用工方可按用工需求、时间、地域等条件发布招工信息，劳务方根据招工信息，匹配自身时间，抢单揽活，劳资双方一旦达成交易，即可在线沟通，线上支付，线下提供劳务。

Instacart 公司是美国一家提供生鲜杂货代买及配送服务的创业公司，是一家主打"1 小时送达"的跑腿外送公司，该公司就是通过互联网平台，充分调动分散的自由职业者，利用他们的闲置时间提供代买配送服务。这些采购员既是可以享受这种服务的受众，也可以是根据自己时间成为代买配送的服务者，这是一种典型的劳务共享模式。这种看似简单的跑腿业务，已经让 Instacart 公司的市场估值在 2021 年 3 月就达到了 390 亿美元，在 2019 年和 2020 年连续两年登上"胡润全球独角兽榜"。

4. 众筹共享模式

众筹是指一种向群众募资，以支持发起的个人或组织的行为。众筹共享模式就是借助互联网平台将大众手中零散的资金汇集到一起，投资到不同领域以获取收益的一种模式。互联网众筹作为共享经济的一种形态，主要集中在影音出版、文化创意、房地产和公益等项目上，众筹共享模式提高了资本服务经济的效率，更好地为社会大众服务。

2.2.5.2 盈利模式

目前，国内外对于共享经济盈利模式分析主要侧重于不同商业领域，本书从共享经济这一角度进行分析，认为盈利模式主要分为提升闲置资源使用价值，挖掘客户资源价值，利用延伸服务、衍生品盈利三类。

1. 提升闲置资源使用价值模式

提升闲置资源使用价值模式基于现有闲置资源，将闲置资源使用权转移给需求方，不仅解决产品利用率问题且为需求方提供便利。供应方通过向共享经济平台提供资源或服务获取收益，需求方向共享经济平台购买资源或服务付费，共享平台从中收取交易费用，收费模式主要有按单边或双边收费、按比例或固定金额收费、按固定或浮动比例收费。需求者、供给者及共享平台相互联系、制约，最终形成共享经济体实现盈利。

2. 挖掘客户资源价值模式

挖掘客户资源价值模式基于流量投放广告实现盈利，具体包括线上推广及线下展示，其中线上推广指共享平台通过其 App 向客户投放广告，激发客户潜在需求，促进消费实，现广告收益，其具备成本低、盈利稳定、定位精准等特点；线下推广指共享平台在其实体产品上使用 LED 显示屏、二维码、NFC 等技术进行户外宣传，由于其产品一般具备数量众多、活动范围大的特点，线下推广也能起到较好宣传作用，为共享平台及广告投放商等实体盈利。

3. 利用延伸服务、衍生品盈利模式

利用延伸服务、衍生品盈利模式主要指对大量客户资源进行大数据分析进行相关服务延伸和衍生产品创新。前者可实现相关服务延伸，拓展其服务边界，当共享平台数据逐渐累计，由交易平台向数据中心演变时，共享平台不仅可向需求方和供给方提供增值服务，而且可就交易数据实现商业行为辅助决策。[1] 衍生品创新可给共享经济带来新的盈利增长点，如某些行业对于需求方或供给方入驻共享平台时要求交付押金，当押金形成一定规模时，共享平台可利用沉淀资金提高自己投融资能力，进而提升盈利能力，实现共享经济的发展及创新。但同时也会诱发系统性风险，因此对于其沉淀资金的监管应当兼顾鼓励创新和包容审慎的原则，在用户和公司的利益之间实现大致平衡。[2]

由于共享经济与现有商业模式多元融合，因此出现各种不同的共享经济新型盈利模式，如农民将土地租赁出去，交易包括土地资质合格证书，不使用化学品的承诺书，加上可选择自愿考察农场或去农场监视工作，农民不再依靠销售蔬菜生存，收入实现多样化。在该模式中客户通过租用或租赁土地资产成为实际生产者，形成能够以吸引客户为中心的、偏向协同消费的盈利模式。

---

1 周礼艳. 基于 O2O 的共享经济商业模式分析及构建[J]. 商业经济研究，2016，(22)：69-71.
2 邓大鸣，李子建. 共享单车押金的性质及其监管问题探究[J]. 西南交通大学学报(社会科学版)，2017，18(4)：94-100.

第3章 城镇能源消费影响机理分析

作为现代化和经济增长的重要推动力，城镇化是一个包括人口从农村地区向城镇地区不断转移、经济结构转化以及农村土地空间向城市土地密集转化的全方位的过程。改革开放以来，中国城镇化水平不断提高，城镇化率已由1978年的17.9%提高到2019年的60.6%，年均增长率为4.01%。城镇化的快速发展有力地推动了我国的经济发展，创造了高速度和大规模的"中国奇迹"，但同时也带来了发展方式粗放、能源消耗过度、环境污染严重等问题。理论和实践证明，高质量的城镇化是降低能源消费总量，优化能源消费结构，提高资源利用效率，并最终实现经济社会可持续发展的有效途径。因此，有必要对城镇化影响能源消费的理论特征进行研究，只有了解了城镇能源消费的影响机理，才能突破我国经济发展的能源瓶颈，从而实现以清洁能源为主导，以优势能源为中心，以城市为资源配置平台的能源发展新格局。

3.1 城市化与能源消费的现状分析

3.1.1 城市化现状分析

3.1.1.1 人口城市化

如图3-1所示，从1978—2000年，我国城镇化率由17.92%增长到了36.23%，年均增速为6.61%。进入21世纪，城镇人口由2001年的48 064万人增长为2019年的84 843万人，年均增长1 935.73万人；城镇人口比重也由2001年的37.66%增长为2019的60.6%，年均增长2.84%，其中2011年我国的城镇人口比重首次超过50%，意味着我国已经进入以城市型社会为主体的城市时代。

但依据世界银行公布的标准，2019年我国城镇人口比重仍远远低于高收入国家平均城镇人口84%的比重。从变化速度来看，我国从1978—2019年的城镇化率持续增长，但增长速度却呈现下降趋势。其中，1978—1994年年均增速为0.65%，1995—2000年年均增速升至1.44%，2001—2005年则降为1.34%，2006—2010年出现小幅回升，随后的2011—2015年降至1.22%，2016年—2019

年则继续下降，降至 1.08%，由此可见城镇化进程的发展速度逐渐乏力。

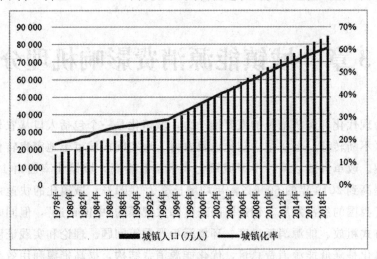

图 3-1　1978 年—2019 年中国城镇人口总量及城镇人口比重

3.1.1.2　产业城市化

　　1978 年以来，城镇化高速发展的同时，我国居民生活水平不断提高，产业结构优化升级趋势明显。从居民生活水平来看(图 3-2)，2013—2020 年我国城镇居民的收入和消费水平都有了较大水平的提升，两者与国内生产总值(GDP)保持较为一致的变化趋势。

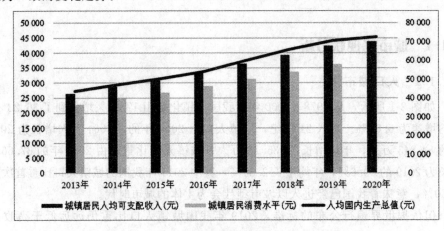

图 3-2　2013—2020 年中国城镇居民的收入与消费情况

数据来源：国家统计局

　　注：从 2013 年起，国家统计局开展了城乡一体化住户收支与生活状况调查，与 2013 年前的分城镇和农村住户调查的调查范围、调查方法、指标口径有所不同。

从产业结构来看，2001—2015 年我国产业发展的结构性问题得到了明显改善。其中，第一产业对 GDP 的贡献率相对较为稳定，2001—2020 年绝大部分时间维持在 5％左右。2020 年，受新型冠状病毒肺炎疫情影响，居民对基本生活必需品需求骤增，使得第一产业对 GDP 的贡献达到 9.5％。以 2014 年为拐点，第二产业占比呈现先增后降的趋势。拐点之后，第二产业占比开始低于第三产业，这反映出我国供给结构发生了变化，即由第二产业主导经济增长转变为第三产业主导经济增长。第三产业自 2010 年以来呈现出稳步发展的良好势头，2020 年受新型冠状病毒肺炎疫情影响，大部分服务行业受到冲击，对 GDP 的贡献也下降至 47.3％。由图 3-3 可知，2001－2012 年对我国经济增长起推动作用的主要是第二产业，而 2013 年以后第三产业占主导作用，这与世界城市发展史中"初级阶段的城镇化发展主要靠第二产业推动，中后期阶段的城镇化发展主要靠第三产业推动"的一般规律相契合。

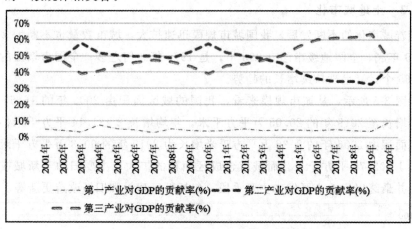

图 3-3 2001—2020 年中国三次产业对 GDP 的贡献率

相比第二产业，第三产业提供的就业岗位和吸纳的从业人员较多，因此当人口城镇化发展到一定程度后，第三产业对于社会发展的驱动作用更为明显。如图 3-4 所示，我国第三产业增加值由 2001 年的 45 701.2 亿元增长至 2019 年的 53 5371 亿元，第三产业比重由 2001 年的 49％增长至 2019 年的 63.5％，年均增速达到 0.763％。从变化速度看，第三产业占比逐步攀升，这也预示着城市化后期第三产业将迎来更加繁荣的发展时期。

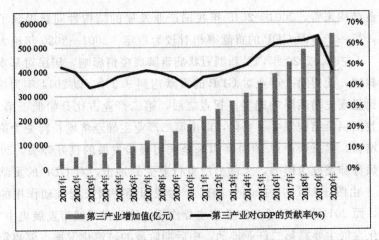

图 3-4　2001—2020 年中国的第三产业增加值及第三产也对 GDP 的贡献率

3.1.1.3　土地城市化

随着城市化的不断发展，我国城市规模迅速扩大，城市数量也不断增多。截至 2019 年底，全国地级市已有 293 个，是 1978 年 3 倍之多；全国市辖区的数量多达 965 个，且呈现持续增长的趋势。

如图 3-5 所示，从城市规模来看，我国的城区面积由 2006 年的 16.65 万平方千米增长至 2019 年的 20.05 万平方千米，年均增长 2 431.14 平方千米；城市建成区面积由 2006 年的 3.36 万平方千米增长为 2019 年的 60.3 万平方千米，年均增长 1 903.76 平方千米。而城市建成区面积的扩大，主要归功于新城或新区建设，并最终以房地产开发为主要手段，包括新区建设和旧城改造更新等。

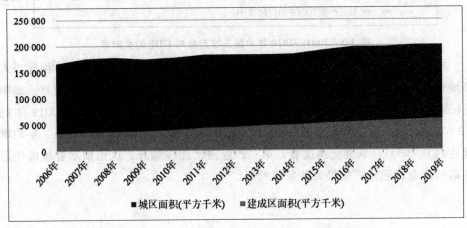

图 3-5　2006—2019 年中国的城区面积及城市建成区面积

3.1.2 能源消费的现状分析

3.1.2.1 能源消费概况

1957—2019 年我国能源消费总量及构成具体数据见表 3-1。由表 3-1 可以看出，伴随着我国工业的发展和城市化的推进，我国能源消费总量呈逐年上涨趋势，其中主要以煤炭和石油能源为主。

表 3-1 我国能源消费总量及构成

能源消费总量及构成				
年份 项目	能源消费总量（万吨标准煤）	煤炭占比	石油占比	天然气占比	一次电力及其他能源占比
1957	9 644	92.30%	4.60%	0.10%	3.00%
1962	16 540	89.20%	6.60%	0.90%	3.20%
1965	18 901	86.50%	10.30%	0.90%	2.70%
1970	29 291	80.90%	14.70%	0.90%	3.50%
1975	45 425	71.90%	21.10%	2.50%	4.60%
1978	57 144	70.70%	22.70%	3.20%	3.40%
1979	58 588	71.30%	21.80%	3.30%	3.40%
1980	60 275	72.20%	20.70%	3.10%	4.00%
1981	59 447	72.70%	20.00%	2.80%	4.50%
1982	62 067	73.70%	18.90%	2.50%	4.90%
1983	66 040	74.20%	18.10%	2.40%	5.30%
1984	70 904	75.30%	17.40%	2.40%	4.90%
1985	76 682	75.80%	17.10%	2.20%	4.90%
1986	80 850	75.80%	17.10%	2.20%	4.90%
1987	86 632	76.20%	17.00%	2.10%	4.70%
1988	92 997	76.20%	17.00%	2.10%	4.70%
1989	96 934	76.00%	17.10%	2.00%	4.90%
1990	98 703	76.20%	16.60%	2.10%	5.10%
1991	103 783	76.10%	17.10%	2.00%	4.80%
1992	109 170	75.70%	17.50%	1.90%	4.90%

续表

年份\项目	能源消费总量（万吨标准煤）	煤炭占比	石油占比	天然气占比	一次电力及其他能源占比
1993	115 993	74.70%	18.20%	1.90%	5.20%
1994	122 737	75.00%	17.40%	1.90%	5.70%
1995	131 176	74.60%	17.50%	1.80%	6.10%
1996	135 192	73.50%	18.70%	1.80%	6.00%
1997	135 909	71.40%	20.40%	1.80%	6.40%
1998	136 184	70.90%	20.80%	1.80%	6.50%
1999	140 569	70.60%	21.50%	2.00%	5.90%
2000	146 964	68.50%	22.00%	2.20%	7.30%
2001	155 547	68.00%	21.20%	2.40%	8.40%
2002	169 577	68.50%	21.00%	2.30%	8.20%
2003	197 083	70.20%	20.10%	2.30%	7.40%
2004	230 281	70.20%	19.90%	2.30%	7.60%
2005	261 369	72.40%	17.80%	2.40%	7.40%
2006	286 467	72.40%	17.50%	2.70%	7.40%
2007	311 442	72.50%	17.00%	3.00%	7.50%
2008	320 611	71.50%	16.70%	3.40%	8.40%
2009	336 126	71.60%	16.40%	3.50%	8.50%
2010	360 648	69.20%	17.40%	4.00%	9.40%
2011	387 043	70.20%	16.80%	4.60%	8.40%
2012	402 138	68.50%	17.00%	4.80%	9.70%
2013	416 913	67.40%	17.10%	5.30%	10.20%
2014	428 334	65.80%	17.30%	5.60%	11.30%
2015	434 113	63.80%	18.40%	5.80%	12.00%
2016	441 492	62.20%	18.70%	6.10%	13.00%
2017	455 827	60.60%	18.90%	6.90%	13.60%
2018	471 925	59.00%	18.90%	7.60%	14.50%
2019	487 000	57.70%	18.90%	8.10%	15.30%

3.1.2.2　城镇能源消费结构

从整体上看，我国的能源消费是一种以煤炭为主，多元发展的结构。目前，煤炭仍然是保障我国能源需求的基础能源，占能源消费总量一半以上。

在我国的能源消费结构中，煤炭消费从 1957 年的 92.3％下降到 1975 年的 71.9％，1978－1990 年逐年上涨，且基本保持在 70％～75％的水平。自 1991 年开始，煤炭的消费比重逐渐下降，到 2001 年达到这一阶段的最低比重 68％，后续又有回升，直到 2009 年才开始呈现出逐步下降的趋势，且减幅明显，从 2009 年的 71.6％下降至 2019 年的 57.7％。

目前来看，我国能源发展取得了历史性成就，能源节约和消费结构优化成效显著，能源消费结构向清洁低碳转变速度加快。2019 年，煤炭消费仅占能源消费总量的 57.7％，较前一年降低 1.3％，比 1957 年降低 34.6％；2019 年，天然气、一次电力及其他能源消费占消费总量的 23.4％，较 1957 年的 3.1％增加了 20.3％。

由图 3-6 可以看出我国能源消费的变化趋势，短期内我国能源消费仍然以煤炭、石油为主，但呈缩减趋势。比较之下，天然气等能源占比虽小，但扩大趋势明显。

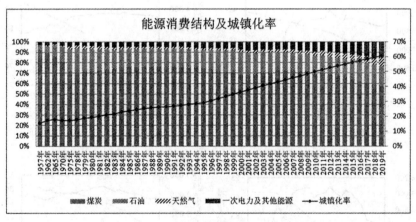

图 3-6　1957—2019 年我国能源消费结构分析图

城镇化水平的不断提高带来了能源消费结构的变化，主要有两方面的影响机制：一是城镇化进程往往会伴随着产业集聚，生产的不断集约化，加上技术的不断进步，不仅提高了能源的利用效率，还降低了对能源的消费需求；二是随着城镇化水平的提高，大批农村居民向城市转移，生活环境的变化使越来越多的人选择低碳生活方式，能源消费习惯的转变带来了能源消费结构的变化。

3.1.3 城市化与能源消费的关系

3.1.3.1 主要经济体城市化进程与能源需求的关系的比较

虽然从世界各国总体情况来看，城市化水平和能源消费需求之间存在正相关关系。然而，从横向的时间维度观察不同国家能源消费是否随着城市化水平的提升而增加的研究相对较少。因此，本书分别选取四个发达经济体代表（美国、英国、日本、新西兰）和四个发展中经济体代表（巴西、南非、印度、中国），对其能源消费走势和城市化发展随时间变化的轨迹进行描述和论证。如图 3-7 至图 3-14 所示，虽然不同国家发展速度和产业结构不尽相同，所选取的四个发达国家中，除新西兰外，美国、英国、日本的城市化水平均呈上升趋势，但人均能源消费在 2005 年后都呈现出了下降态势。所选四个发展中国家的城市化水平与人均能源消费在 1990－2014 年间均呈稳步上升趋势。由此可见，对于城市化发展相对完善的发达国家来说，不显著的城乡差异和发达的技术水平促使能源消费量不断下降；而对正处于城市化发展的起步和加速阶段的发展中国家，能源消费量与城市化水平同向上升。

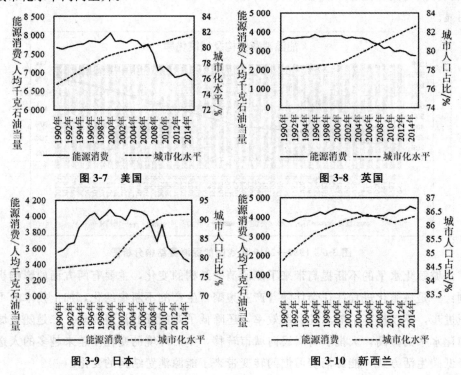

图 3-7　美国　　　　　　　　　图 3-8　英国

图 3-9　日本　　　　　　　　　图 3-10　新西兰

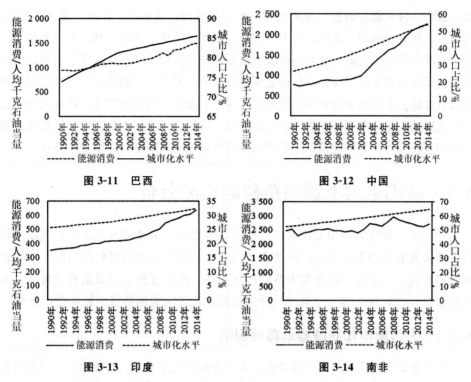

图 3-11　巴西

图 3-12　中国

图 3-13　印度

图 3-14　南非

数据来源：世界银行"城镇人口（占总人口比例）""能量使用量"数据库

3.1.3.2　中国各地区城市化与能源消费的比较

为了更好地研究中国城市化与能源消费的关系，本书对 2019 年中国内陆地区各省市自治区的城市化水平与人均能源消费之间的关系进行了分析。

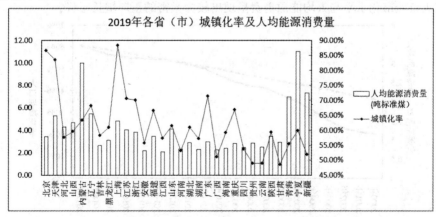

图 3-15　2019 年我国省市自治区的人均能源消费和城市化水平

如图 3-15 所示，天津、上海、海南、黑龙江、江苏、浙江、辽宁、福建、安徽、云南，符合能源消费与城市化同向变化的规律；而湖北、湖南、吉林、宁夏、内蒙古、河北、山西、陕西、山东、河南、贵州、广西、四川等地区的人均能源消费明显高于前述地区城市化对应的能源消耗趋势；北京、广东、重庆、甘肃的人均消费则低于前述地区城市化对应的能源消耗趋势。是什么原因导致了这些差异？我国幅员辽阔，不同地区有着不同的发展水平、发展特征与发展路径，因此需要根据不同地区的实际情况进行分析。后续将会从不同角度分析城市化发展导致能源消费差异的各种原因，并构建模型定量研究不同区域城市化影响能源消费的路径。

3.2　城市化对能源消费影响机制分析

尽管在一般研究中用城市人口占总人口的比例来衡量城市化水平，但城市化是一个极其复杂的发展过程，因此在研究城市化发展对能源消费影响时，应横向和纵向对比，并站在不同维度考量城市化发展中各维度影响能源消费的特征。本章从人口、产业和土地三个角度，分别对城市化影响能源消费的特征进行分析。

3.2.1　人口城市化对能源消费的影响

大多数研究使用城市人口数量在总人口中的占比来衡量人口城市化，目前计算城市居民人数的统计口径主要有：一种是统计拥有城市户籍的人数；另一种则根据常住地原则，包括城市内住满六个月及以上的农村流动人口和没有城市户口却被征收了土地的农民也属于城市人口。以上两种方法统计出的结果存在着较大差别，学者们使用较多的方法是根据常住地原则来统计人口城市化水平。如图 3-16 所示，我国人口城市化水平与人均能源消费呈现出较为紧密的正向增长态势。

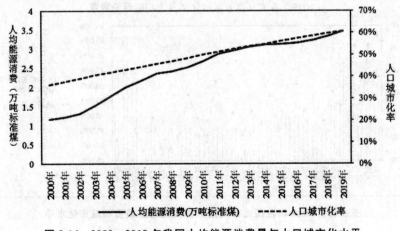

图 3-16　2000—2019 年我国人均能源消费量与人口城市化水平

3.2.1.1　居民消费行为对能源消费的影响

从能源消费结构来分析，根据《中国家庭能源消费研究报告（2019）》，农村家庭的主要消费能源是煤炭。农村人口向城市迁移后，煤炭消费下降，而对电力能源的消耗增加趋势显著。商品能源是城市居民主要的能源消费来源，城市居民倾向于使用更优质的能源。此外，城市化促使居民从以往消费传统有机物燃料为主向消费商业燃料转变，这不仅推动了能源消费绿色程度的提升，还有助于能源消费结构的改变。如图 3-17 所示，我国人均能源生活消费量的增长主要由电力消费的增长拉动，煤炭生活消费量略有下降。

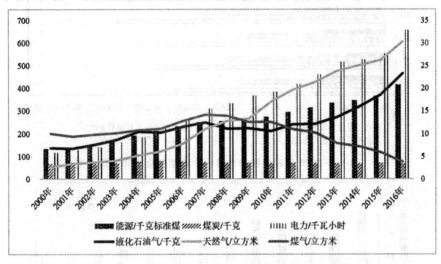

图 3-17　2000—2017 年人均生活能源消费量

在城市化过程中，农村居民转变为城市居民，就业领域会由农业转移到非农产业，教育水平和收入水平也会相应提高。收入水平提高的同时，必将带动进城居民商品需求量的增加及消费结构的变化，这两方面变化都会引致更多的能源消费。从农村涌向城市的人口消费总量的增加，可通过居民消费支出变化加以反映（图 3-18）。2019 年，农村居民的人均消费支出为 13 328 元人民币，而城市居民人均消费支出为 28 063 元人民币，两者之间存在着较大差距。这表明城市化在使乡镇人口转变为城市人口的过程中，商品和服务的购买力会大幅度提升，继而间接拉动生活、生产过程中的能源消费。进城人口消费结构的变化，则表现为非食品性工业产品的消费比重增加。2012 年乡镇人口的恩格尔系数为 39.3%，而城市居民为 36.2%，低于农村三个百分点，这反映出随着城市化的推进，农村人口向城市人口的转化会导致恩格尔系数的降低，并使非食品工业产品消费比重不断上升（图 3-19）。因为非食品工业产品的生产所需能耗往往高于食品类的产品，因此城市化不仅推动居民消费结构变化，还会导致商品生产领域能源消费的增加。此外，农村居民的家用电器使用量大大低于城市居民，城市化过程使因家用电器导致的能耗不断攀升。同时，城乡居民的生活习惯、生活环境和休闲方式等方面的差异，也是农村居民对电器的使用率、使用时间都低于城市居民的主要原因。

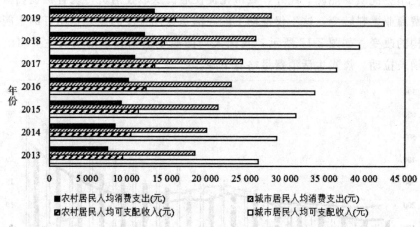

图 3-18　2013—2019 年农村和城市居民人均消费支出和人均可支配收入

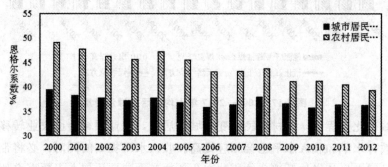

图 3-19　2000—2012 年城市和农村家庭的恩格尔系数

3.2.1.2　居民出行行为对能源消费的影响

城乡居民之间的日常交通能源也存在着较大差异。在城市居住的家庭与在农村居住的家庭在休闲及生活方式、居住地与工作地点的距离之间存在的不同，使得两者的出行频率与出行方式之间有着明显差别，进而导致城市居民与农村居民用于交通的能源消耗区别较大。一般来说，城市居民消费、上班及休闲娱乐等日常活动，大多需要乘坐交通工具，而农村居民由于工作地与生活地距离较近，且休闲活动基本在本村范围内，较少长距离出行，日常交通能耗相对较低。因此，在城市化过程中，农村居民向城市居民的转化，将大大增加日常出行的能源消费。如图 3-20 所示，我国农村居民与城市居民之间的人均交通出行费用存在较大差异，这意味着在农村居民转变为城市居民的过程中，不仅会增加在交通出行上的花费，也会造成城市交通能耗的提高。

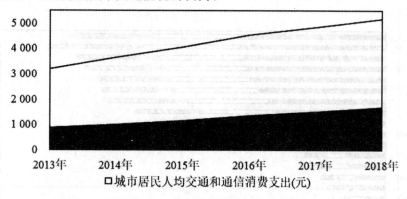

图 3-20　2013—2018 年我国农村和城市居民交通和通信消费

数据来源：国家统计年鉴(2019)

3.2.1.3　基础设施、公共服务需求与住房耗能对能源消费的影响

　　人口城市化过程也是大量农村人口进城转化为城市人口的过程，因此在城市化过程中必定会导致对基础设施、公共服务等方面需求的大幅度增加。根据张国胜(2009)[1] 的测算，在我国沿海地区的城市化进程中，进城的农民工需要人均约 20 652 元的基础设施投资，而内陆地区人均约为 9783 元。建设基础设施需要大量高耗能建筑材料，由此可见，满足农村人口向城市人口转化的基础设施需求也会导致巨大的能源需求。然而，不成熟的城市规划具有随意性和短视性，城市规划频繁变更导致城市建设严重浪费，造成基础设施建设过程中的能源消耗进一步增加。到目前为止，我国的城市规划对城市建设和发展只是一种"软约束"，经常随着地方官员更迭发生变更。另外，城市规划缺少前瞻性，在城建过程中，大拆大建现象反复发生，使高耗能的建材物资严重浪费，进而加剧我国城市化对能源消费的正效应。同时，地方政府及官员注重形象工程，设计师和建设人员追求标新立异，却忽略基础设施及公共建设的能耗问题，也是造成城市化过程中基础设施和公共建筑能耗高的原因之一。

　　此外，我国能源市场化程度不尽人意，能源价格被政府附加了社会福利、通货膨胀等政策工具的职能，造成能源价格低于真实市场均衡价格，能源低效使用

　　1　张国胜. 基于社会成本考虑的农民工市民化：一个转轨中发展大国的视角与政策选择[J]. 中国软科学，2009(04)：56-69，79.

甚至浪费现象普遍。而政府出于遏制能源价格上涨目的给予的财政补贴,大多是提供给供给端的补贴,对消费端节能技术的开发和推广产生的影响并不显著,能源低效使用的困境得不到改善,最终使我国城市化对于能源消费产生了明显正效应。

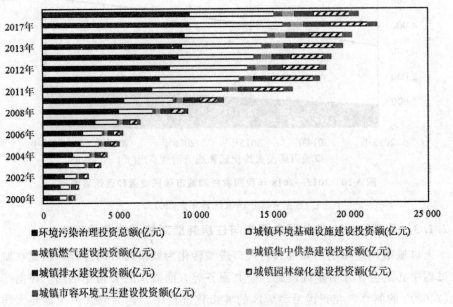

图 3-21　2000—2017 年我国各基础设施建设投资额

数据来源:国家统计年鉴(2019)

3.2.2　产业城市化对能源消费的影响

自中华人民共和国成立以来,我国产业结构和产业政策发生了巨大变化,从最初的以农业为主到放手发展重工业,再到现在的向第三产业转型,更加注重人力资本与科技的投入。在这个变化过程中,城市化对能源消费的影响也伴随着产业发展而发生着变化。

3.2.2.1　产业结构对能源消费的影响

城市化为第二产业与第三产业结构升级提供了动力,而不同产业的能源消耗系数存在着较大区别,不同产业在生产过程中每生产单位 GDP 所需的能源也不尽相同。发达国家经验证明,产业结构演进对经济增长和能源消费的影响不可小觑,因此产业结构的变化势必会影响能源消费。本书根据 2017 年统计年鉴列出了不同行业能源消费和电力消费各占能源总量的百分比,见表 3-2。由于第二产业与第三产业的比值也会在一定程度上改变能源消耗结构和能源总量,因此采用第三产业产值与第二产业产值的比值来衡量产业城镇化水平。如图 3-22 所示，随着第三产业与第二产业比值增长速度的加快，能源消费总量增加的趋势有所减缓。城市化具有规模效应，低能源强度的农业生产会随着城市化发展而减少。相反，高能源强度的制造业将在城市化初期得到快速发展。城市中生产规模的扩大和由此产生的规模经济福利，会吸引非正式产业的增加。交通运输业也将受到城市化发展的影响，城市内和城市外的机动车数量的增加，以及原材料和商品的城乡运输都会导致能源消耗量的增加。

表 3-2　能源消费的行业分布

行业	能源消费 （万吨标准煤）	占总量 百分比（%）	电力消费 （亿千瓦小时）	百分比 （%）
工业	294 488.04	0.656 6	44 959.84	0.693 6
制造业	245 139.54	0.546 5	33 594.63	0.518 3
黑色金属冶炼及压延加工	60 934.21	0.135 9	5 261.49	0.081 2
生活消费	57 620.31	0.128 5	9 071.57	0.139 9
化学原料及化学制品制造	49 054.85	0.109 4	5 122.26	0.079
交通运输、仓储及邮政	42 190.79	0.094 1	1 417.98	0.021 9
非金属矿物制品	32 835.27	0.073 2	3 305.08	0.051
电力、煤气的生产与供应	31 668.27	0.070 6	8 961.59	0.138 3
电力、热力的生产与供应	29 247.58	0.065 2	8 292.15	0.127 9
石油加工、炼焦及核燃料加工	24 366.57	0.054 3	946.44	0.014 6
其他	24 268.83	0.054 1	4 880.59	0.075 3
有色金属	22 157.39	0.049 4	6 003.3	0.092 6
采掘	17 680.23	0.039 4	2 403.62	0.037 1
批发、零售和 住宿、餐饮	12 475.43	0.027 8	2 526.65	0.039
煤炭开采和洗选	9 231.73	2.06%	881.57	1.36%

数据来源：国家统计年鉴（2019）。

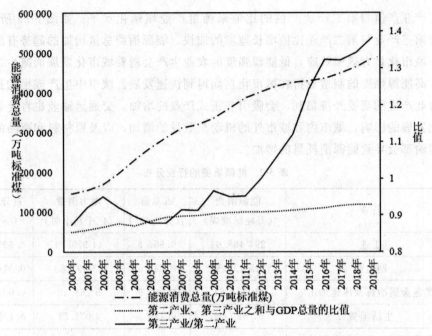

图 3-22 2000—2019 年能源消费总量、产业城市化水平增长趋势

数据来源：国家统计年鉴（2019）

伴随城市化进程的加快，工业部门的结构重心由轻工业向到重工业转移，产业发展显现出重工业化的发展趋势，重工业生产部门的能源强度要远远大于轻工业部门，这种结构调整必然会导致能源消费总量的不断攀升。能源消费量不断上升的原因不是第一产业或第三产业，而是第二产业。城市人口比重、工业增加值占 GDP 比重的上升都有可能增加能源消费。从能源消耗总量的角度来看，产业结构调整所反映出的产业城市化水平的提高是经济增长的推动力与内在需求。

3.2.2.2 产业城市化引起的技术变革对能源消费的影响

城市化的发展促进了生产要素在空间上聚集，从而形成大量专业化的企业及人才，这是多样化与专业化的基础。与此同时，城市为人力资本的积累打下了基础，为技术创新提供了条件（图 3-23）。此外，城市良好的交流氛围和完备的基础信息设施也会促进技术创新的快速扩散。城市化创造出良好的投资环境能够吸引以外商直接投资形式的国外先进技术设备的大量进入。因此，城市化在刺激了技术创新的同时也引起了效率的提高。技术创新不仅可以提升能源利用效率而直接影响能源消费，又可以促进经济增长间接带动能源消耗。而经济增长能够带动技术水平的提高，技术水平进步进一步影响能源消费。首先，产业城市化水平的提高形成规模经济，企业有资本进行技术研发，从而促进了技术进步，技术水平的提升提高了能源利用率，阻止了能源消费总量的上升。其次，企业又可以因为技术进步增加利润，从全社会范围内来看则会导致经济增长，而经济增长又会引发各企业加大对工厂与生产的最佳投资，从而提高了能源消耗总量。因此，技术进步的净效应决定能源消费总量。

从能源消费结构来看，第二产业倾向于消耗更多的石油、煤炭等能源，而第三产业则倾向于影响电力能源的消费。技术进步通过影响能源消耗效率来影响第二和第三产业能源消耗量，继而改变能源消费结构。随着经济发展与城市化的进一步推进，城市群的功能将会从生产型城市转化为消费与服务型城市。城市化进入成熟阶段后，第三产业占比提高，城市发展带动的技术创新速度也会加快。在此阶段，人均能耗增长基本稳定或减缓，能源消费强度趋于下降。正如前文所述，发达国家具有先进的技术，而经济发展速度减缓，技术进步对能源需求的抑制效应抵消了经济发展对能源消费的促进作用，因此人均能源消费随着城市化增长到特定时期后没有上升，反而出现了下降。

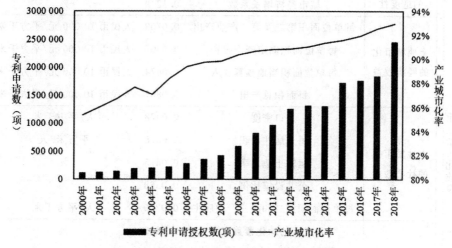

图 3-23　2000 年产业城市化率与专利申请数量

数据来源：国家统计年鉴(2019)

3.2.3　土地城市化对能源消费的影响

从世界范围内来看，有约 75% 的能源消费都发生在仅占陆地面积 2% 的城市。在以往的研究中已经有很多测评土地城市化水平指标的文献，学者们通过统计方法和数据可得性的考量，建立了一套土地城市化质量评估，见表 3-3。

土地城市化速度的放缓反映了土地城市化与人口、经济城市化逐步协调与适应的过程。可用城市经济增长与城区的建成面积之比来表示城市经济增长系数；

用城市人口增长与城区建成面积增长之比来表示城市人口增长系数。土地城市化的经济利益包括第二和第三产业的产值、当地政府的预算收入、固定资产投资和城市产业规模。这强调的是城市土地使用经济密集度可以以提升每单位土地使用面积投入—产出密集度的方式来提高。土地城市化的社会效益反映了城市土地使用的社会影响，包括生态环境和城市污染。这个指标用来衡量城市形成过程中的城市污染。土地城市化的生态效益可以通过更好的排污管理和城市环境基础设施建设来改善。

　　土地城市化指标初步体现了土地城市化对社会各维度的影响效应，本书将在后续章节建立模型，进一步定量分析城市化与各变量之间的影响关系。

表 3-3　土地城市化质量评估

	维度	指标	数值	单位
土地城市化质量	土地城市化的适度性	城市经济增长系数	0.1516	%
		城市经济增长系数	0.1249	%
	土地城市化的经济效益	每单位面积第二及第三产业产出	0.0709	人民币 10 000 元/平方千米
		每单位面积固定资产投资	0.0805	人民币 10 000 元/平方千米
		每单位面积当地预算收入	0.0674	人民币 10 000 元/平方千米
		每面积总产出	0.0867	人民币 10 000 元/平方千米
	土地城市化的社会效益	人口密度	0.0378	人/平方千米
		每人居住面积	0.0675	平方米/人
		运输土地比率	0.0675	%
		公共设施比例	0.0568	%
		每单位面积第二和第三产业雇主	0.0206	人/平方千米
	土地城市化的生态效益	建成区的绿化覆盖率	0.0289	%
		每单位面积废水排放量	0.419	吨/平方千米
		每单位面积工业废气排放量	0.0467	吨/平方千米
		每单位面积消费废物	0.337	吨/平方千米
		每单位面积环境保护投资	0.336	人民币 10 000 元/平方千米

　　数据来源：国家统计年鉴（2019）、世界银行。

3.2.3.1　城市规模对能源消费的影响

　　城市化的过程包括城市规模的扩张及被规划为城市中土地、资本、劳动的空间配置，城市进一步形成的生活与生产模式正是基于这些配置。进一步地，不同的土地城市化过程会导致不同的城市能源消费模式。很多地区由于法律监管不到位，导致工业品与农产品价格剪刀差的形成，通过这种价格核算出的土地边际产出值远低于土地的真实价值，土地价格信号扭曲的后果是低效的土地利用和城市的过度扩张。不规范的农村用地征收流程与不公正的征收补贴等都是造成土地征收权滥用的诱因，也造成了非均衡人口城市化随城市规模而扩大。城市人口、经济和空间规模是城市规模延伸的驱动力，规模越大的城市能源消费也会越多。"摊大饼"式城市空间的拓展，将增大城市化对交通能源消费的拉动作用。通常情况下，城区常住人口为 500 万至 1000 万的城市居民日常能源消费要高于只有 100 万至 200 万人口的城市。城市规模与交通繁忙程度及堵车消耗的能源消费量呈同向增长趋势，这也是造成大规模城市能源消费较高的原因之一。

"土地财政"和"唯 GDP"式政绩考核标准，会形成地方政府以及地方官员推动城市边界不断扩张的强大动力，城市空间盲目且快速地拓展使得城市空间格局和城市结构极不合理。商业区、生活区、工作区错位配置，彼此之间距离过大，造成公众对交通的需求过大，既增加了交通设施建设的能源消费，同时也增加了车辆使用的能源消费。另外，不合理的城市规划，加剧了交通的拥堵程度，从而使愈来愈多的城市成为"堵城"，增加了车辆行驶的无效能源消耗。因此，应通过促进产业转型，合理化城市空间布局来降低通勤成本与基建成本以提高城市能源利用效率。

3.2.3.2　城市结构对能源消费的影响

城市的空间规模过度扩张，单位空间利用效率和产出不断下降。为保障本地户口劳动力的就业，地方政府将收紧户口政策以限制持外地户口的劳动力就业于本地。该政策阻碍了劳动力要素与土地要素达到最优均衡结合，造成不合理的城市空间结合。

紧凑的城市形式，即土地混合使用、高人口密度、步行出行，具有较高能源效率，如图 3-24 所示。例如，高城市密度的中国香港，交通能源消费远远低于低城市密度城市。欧洲的城市密度约高于美国 5 倍，而美国人均城市交通能源消费约为欧洲的 3.6 倍。

探究城市密度和能源消费之间的关联机制，可以发现城市密度通过交通能耗和家庭能耗两条路径影响能源消费。一方面，在低密度城市，公共设施与通勤网络通常也是低密度、分散化的。由于出行距离增加，居民更倾向于利用小轿车出行，抑制了公共交通的规模效益。交通能源消费不仅受居民收入、油气价格以及汽车效率影响，也会受到人口密度的影响。就业的分散化将增加通勤距离和通勤时间，提高城市密度可在较大程度上起到节能环保的作用。另一方面，随着人口密度和居住密度提高，空间利用效率随之明显改善。低密度城市由于郊区独立房屋释放废热的墙体面积不够，会导致更多采暖、制冷和照明的能源损耗。低人口密度、粗放式利用的土地与分散的城市空间布局，对比高密度的城市群，能源消耗更高。

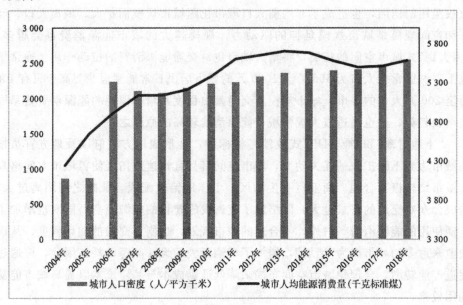

图 3-24 2004—2018 年城市人口密度与城市人均能源消费量

数据来源：国家统计年鉴(2019)

3.3 城市化对能源消费影响的实证分析

为了更好地分析城市化对能源消费的影响，本书通过构建模型量化了城市化进程中各因素对能源消费的影响。

3.3.1 计量模型构建

Rosa 和 Dietz(1997)根据已有的 IPAT 等式，构建了一个更加科学的 STIR-PAT 模型。该模型为非线性模型，不仅很好地规避异方差问题，而且可以计算每个变量的弹性系数。此外，STIRPAT 模型增加了不同的变量以观察城市化对能源消费的影响因素。

新城市化主要强调人口聚集、城市地区延伸、工业聚集和发展，以及生活质量的提高和生态文明的建设，由此建立如下 STIIRPAT 模型：

$$\ln EC = \alpha + \beta_1 U_{it} + \beta_2 \ln C_{it} + \beta_3 \ln T_{it} + \beta_4 \ln I_{it} + \beta_5 \ln G_{it} + \beta_6 \ln E_{it} + e \quad (3\text{-}1)$$

其中，EC 为地区人均能源消费；U 为城市化程度；C 为建成区域；T 为第三产业增加值；I 为人均可支配收入；G 为人均绿化面积；E 为能源强度，代表技术水平；e 为随机误差。

3.3.2　变量选取和指标描述

中国长期稳定的能源结构决定了城市化等级的提升和能源消费量的增加，其间有相互作用的机制。城市化发展进程也是能源消耗总量提升的过程，中国的城市化正在广阔的范围内加速，快速推进的城市化进程促进了化学、建筑、钢铁和其他高能耗产业的发展，从而呈现出高投资、高消耗、高排污和低效率的特征。长期以来，二元经济和区域发展的不平衡导致中国的城市、乡村和不同地区的居民在收入水平、生活水平以及基础设施上的差距。城市化的发展离不开工业部门的扩张，也与农村居民大量向城市迁移密不可分。由于进城人员所从事的职业从农业向第二、第三产业的转移，农村进城人口的能源消费习惯也随之而改变。此外，在这一过程中，随着住宅数量、交通、医疗、教育及其他基本生活条件的提升，必然会引发更多的能源消费。

值得一提的是，能源消费的增加在一定程度上也会抑制城市化的推进。首先，能源消费主要发生在人口密集的城市及乡村，这些地区也是大气污染最严重的地区。空气污染的出现不仅给人们的身体健康带来了严重的危害，也抑制了生产和经济的绿色发展。其次，污染的环境促使更多人移居国外，造成人才流失，一些人宁可选择低收入的地方居住，也不愿迁移到环境污染的地区。这些都会直接或间接地阻碍城市化发展的进程。

地区发展的不均衡与二氧化碳排放问题已经受到政府的高度关注，中国已经承诺在 2030 年前停止超过京都协议书约定的二氧化碳排放量的增长。这种管控需要更严格的低能耗条款和低排放条款，如果没有对二氧化碳排放的管控，城市化将无法继续，这是目前城市化和可持续发展亟须解决的问题。

根据以上分析，本书的研究选取六个测量城市化质量的指标，分别为城市化水平、建成区面积、第三产业的增加值、人均可支配收入、人均绿化面积和能源强度。这些指标分别代表人口聚集、城市地区扩张、工业聚集、生活质量提升、环境保护和技术进步。

人口占比指标使用中国政府和学者通用的统计方法。本书使用如下人口占比指标计算中国城市化程度：

$$U = \frac{P_c}{N} \times 100\% \tag{3-2}$$

其中，U 代表城市化水平，P_c 代表到年底中国总城市人口，N 代表到年底中国总人口。

城市化水平反映了人口城市化水平，而建成区面积用来反映城市的扩张程度和空间结构。

第三产业增加值可以更好地反映市场、贸易和城市服务业发展，通常用来表现产业聚集度和城市化进程水平。

人均可支配收入描述了城市居民收入水平这个指标，可以反映经济发展和家庭收入水平提升带来的环境压力。

人均绿化面积表示绿化和生态文明建设程度，这个指标可以有效反映生态环境建设对能源消耗的影响。

能源强度与技术进步相关，并且是一个衡量能源效率的重要指标。单位 GDP 能耗越低，能源效率越高。随着经济的发展和技术的进步，能源强度会逐渐降低，但随着能源节约和排放空间变窄，降低能源强度也会变得越来越困难。

为了研究城市化深度对不同区域的影响，本书选取了 2000—2018 年中国 29 个省份的数据进行研究。考虑到数据的可获得性和完整性，新疆和西藏被排除在外。城市化率超过全国平均值，且经济较发达、处在新型城市化阶段的省份被列为高质量城市化区域；低于近似全国平均值，且经济较不发达、处在旧城市化阶段的省为低质量城市化区域；城市化水平近似于全国平均值，经济处于中等水平且处在旧城市化向新型城市化过渡阶段的省市列为中等质量城市化区域。据此将全国 29 个省分为三组：北京、天津、上海、广东为高质量城市化区域；河北、湖北、湖南、江西、重庆、江苏、浙江、海南、山西、内蒙古、陕西、宁夏、黑龙江、辽宁、吉林、山东、福建为中等质量城市化区域；河南、安徽、四川、甘肃、青海、广西、云南、贵州为低质量城市化区域。

3.4 我国城市化对能源消费的影响

3.4.1 影响机制效应分析

在研究城市化与能源消费之间因果关系的过程中，为了保证统计相关性和有效性，本书运用单位根检验来判断变量序列的稳定性，防止虚假回归，继而进行协整检验。由于两列的数据既是常数项又是趋势差，因此本研究选择了 1 年的滞后期，并进行了 ADF 单位根检验，结果见表 3-4。

表 3-4　各变量的单位根检验结果

变量	ADF 检验	P 值	结论
lnEC	206.334 8	0	稳定
ln$U$	278.638 8	0	稳定

数据来源：作者自行计算整理。

结果表明，所有变量均稳定，直接回归不会造成虚假回归，变量之间可能存在长期因果关系。为了进一步了解 lnEC 和 ln$U$ 的因果方向，使用恩格尔-格兰杰(EG)方法得到协整方程来探究城市化与能源消费之间的影响关系。

恩格尔-格兰杰方法也被称为两步分析法。首先用 OLS 估计协整回归方程，得到：

$$\ln\hat{EC} = 6.457\ 4 + 1.784\ 5\ln\hat{U} \tag{3-3}$$

在 5% 的显著性水平下，检验结果显示二者之间有协整关系。当城市化水平增加 1.78% 时，能源消费量增加 1%。继续对残差进行 AEG 检验，t 统计量为 -2.545 443，小于 -1.932 044 的显著性水平，因此拒绝 2000—2018 年的 lnEC 与 ln$U$ 之间存在协整关系的原假设，表明城市化与能源消费之间具有长期稳定的关系。

可用格兰杰因果分析法建立自回归模型，判定 lnEC 和 ln$U$ 之间是否有因果关系(表 3-5)。

见表 3-5，城市化导致了能源消费，但能源消费没有在滞后期为 2～5 的格兰杰因果检验下导致城市化。城市化的发展导致能源消费总量上升，但能源消费量的上升并不是阻碍城市化发展的因素。随着城市化发展带来的新型经济发展模式，政策制定者需要关注能源消费的转变以保证城市化的可持续发展。

表 3-5　城市化与能源消费之间的格兰杰因果检验

原假设	滞后阶数	t 统计量	P 值	结论
lnEC 不是 ln$U$ 的格兰杰原因	2	0.645 46	0.564 6	lnEC 不是 ln$U$ 的格兰杰原因
ln$U$ 不是 lnEC 的格兰杰原因		5.676 47	0.004 6	ln$U$ 是 lnEC 的格兰杰原因
lnEC 不是 ln$U$ 的格兰杰原因	3	0.255 54	0.755 4	lnEC 不是 ln$U$ 的格兰杰原因
ln$U$ 不是 lnEC 的格兰杰原因		4.656 55	0.003 4	ln$U$ 是 lnEC 的格兰杰原因

续表

原假设	滞后阶数	t 统计量	P 值	结论
lnEC 不是 lnU 的格兰杰原因	4	0.534 23	0.745 4	lnEC 不是 lnU 的格兰杰原因
lnU 不是 lnEC 的格兰杰原因		3.465 45	0.013 2	lnU 是 lnEC 的格兰杰原因
lnEC 不是 lnU 的格兰杰原因	5	0.224 34	0.832 4	lnEC 不是 lnU 的格兰杰原因
lnU 不是 lnEC 的格兰杰原因		2.435 43	0.032 4	lnU 是 lnEC 的格兰杰原因

数据来源：作者自行计算整理。

3.4.2 影响机制的区间差异分析

为了探索城市化的影响因素，有必要分省进行面板数据检验。本书采用的是豪斯曼(Hausman)检验和 F 检验，用来研究模型是随机效应模型还是固定效应模型，检验结果见表 3-6。根据测试结果，此面板数据模型是固定效应模型。为了消除异质性，采用可行性广义最小二乘法对样本进行回归分析，回归结果见表 3-7。

表 3-6   面板数据模型及检验结果

样本	F 检验结果			豪斯曼检验结果		
	F 值	临界值	检验结果	卡方值	P 值	检验结果
所有样本	389.43	2.22	变截距模型	−43.54	0	固定效应模型
高质量城市化地区	247.54	2.43	变截距模型	27.8	0	固定效应模型
中等城市化地区	143.45	2.32	变截距模型	345.5	0	固定效应模型
低质量城市化地区	345.3	2.16	变截距模型	−54.32	0	固定效应模型

数据来源：作者自行计算整理。

表 3-7 展示了如果全国城市化率提升 1%，相应的能源消费量会提升 0.633%。城市化发展是影响能源消费最重要的因素之一。在分地区研究中，显然，在高质量城市化地区，城市化对能源消耗的影响相对较小，而在低质量城市化地区，城市化对能源消耗的影响相对较高。根据表 3-7 所示，在高质量城市化地区，城市化对能源消费影响的系数是 0.476%。而在低质量城市化地区，城市化对能源消费影响系数提升至 0.887%。此结果证明，中国的城市化建设对遏制能源消费有积极影响，并能有效改变当地经济发展模式以促进产业结构升级。同时，改变居民消费习惯，增强环境保护意识，也有助于新型能源技术的推广。

表 3-7　面板数据模型估计结果

变量	全样本系数	高质量城市化地区系数	中等质量城市化地区系数	低质量城市化系数
$\ln U$	0.633***	0.476***	0.487***	0.887***
$\ln C$	0.122***	3.335***	0.242***	0.124***
$\ln T$	0.125***	0.126***	0.332***	0.423***
$\ln I$	0.722***	0.865***	0.922***	0.856***
$\ln G$	0.075***	−0.042**	0.087**	0.054*
$\ln E$	0.643***	0.429***	0.823***	0.856**
校正决定系数	0.765	0.991	0.982	0.923
DW 值	2	2	2	2
F 值	334.7	522.01	382.34	612.44

数据来源：作者自行计算整理。

注：" * "" * * "" * * * "分别表示在 10%、5%、1%水平下通过显著性检验。

建成区城市化同样会对能源消费产生影响。上述结果显示，城市化率增加 1%，高、中、低质量地区能源消费分别增加 0.335%、0.242% 和 0.124%，城市化的建成区越集中，能源消耗率越高。由于中国经济的改革开放，城市聚集依靠建筑、交通和房地产，这些产业的发展看起来也会刺激经济增长，不可避免地导致了工业能耗上升，从而城市地区和空间扩张导致了能源消耗成比例地上升。

第三产业附加值也会影响能源消费。第三产业是地区发展的焦点，其增长可以有效减少能源消耗等级。高质量城市化地区的城市化发展对能源消费的贡献率仅为 0.126%，而低城市化地区的贡献率为 0.423%。相比工业部门而言，第三产业发展能更有效地避免能源消费的增长，同时会促进产业结构的优化升级。

人均可支配收入会对二氧化碳排放产生影响，因此必须将居民消费和生活方式作为影响能源消费的重要因素来考虑。在高质量城市化地区，居民有很强的环境保护与节能减排的意识，并且开始追求一种低能耗、低排放的生活方式。在中等质量城市化地区，居民对自己的消费习惯有更强的要求，包括他们的出行方式和家用电器的使用，同时对低能耗生活方式可以带来好处的意识比高质量城市化地区居民要低。但这些地区的居民对收入水平比低质量城市化地区更高，因此该地区对能源消费的影响高达 0.922%，为三种地区中最低。这些地区应注重加强经济结构的转变和提高居民的能源保护意识。生活在低收入地区的居民有着更低的城市化质量,所以这些地区居民的消费主要与子女教育与衣物购买相联系。与前两组相比,低质量城市化水平对能源消费的影响更小。

人均绿化面积影响能源消费。高质量城市化地区的绿化面积提升可有效抑制能源消费,其他两类地区显示出的结果则相反,人均绿化面积增长可能造成对能源消费微弱的影响。然而,对城市绿化管理费用增长的抑制作用比对能源消费的抑制作用更明显。

能源强度是除了城市化和人均可支配收入的另一个影响能源消费的主要因素。对于全国来说,能源强度每增加1%,能源消费会增加0.613%。不同地区有不同的城市化水平,一个地区的城市化越低,经济发展对能耗的依赖度就越强。尽管新技术可以提升能源利用效率,但这些技术还未能有效地应用到能源消费结构的改善上。

第4章 我国城镇主要能耗
现状与情景预测

能源与经济的发展历程表明，能源消费与城市化之间有着密不可分的关系。快速的城镇化使建筑能耗、生活能耗与工业能耗成为能源需求增加的重要原因。发达国家能源经验表明，在经济高速增长的过程中，建筑能耗比重最高可达40%。我国正处于城市化发展的关键阶段，产业结构的调整、社会经济活动的变化、人口规模、基础建设的数字化建设等，都将进一步扩大能源消费需求，建筑能耗、生活能耗将呈现刚性增长。然而，随着我国城市化水平的不断提高，能源消费需求在"量"与"质"方面发生了较大变化，在需求增加的同时，对能源品质有了更高的要求，能源资源的合理利用与开发、温室气体减少排放成了能源需求增加的"硬约束"。

4.1 城镇能源消费现状

对我国287个地级以上城市的能耗进行统计，结果显示城市能耗占全国总能耗的55.48%，CO_2排放量占全国总排放量的58.84%。在中国城镇化的过程中，仍显示出高能耗特点，能源问题是我国未来城市化可持续发展的重要影响因素。处于不同发展阶段的城市综合能效水平存在显著差异，2017年，我国单位GDP能耗最高城市是单位GDP能耗最低城市的6.6倍，其中进入后工业化阶段的城市单位GDP能耗远远低于我国平均水平。2018年我国能源消费总量比2017年增长3.3%，其中煤炭消费量增长1%，天然气消费量增长17.7%，电力消费量增长8.5%；清洁能源消费量占能源消费总量的22.1%。

从我国终端能源消费总量增长情况来看，2010年终端能源消费增长较2000年增长了145.91%，2017年较2010年终端能源消费增长43.26%。其中，我们看到在终端能源消费中，煤炭消费量呈现出增长下滑的趋势，2017年终端煤炭消费总量较2015年下降了18.28%，如图4-1所示，其中工业消费下降了21.36%，第三产业相关部门消费整体下降了11.03%，生活消费尽管下降比例不高，但城镇和农村地区在2017年普遍出现了下降。与煤炭消费量整体下降不同的是终端能源电力消费量由2000年的12 534.67亿千瓦时增长到2017年的 61 625.14 亿千瓦时,增长了近 4 倍,其中增速最快的依次是服务部门、批发、零售和住宿、餐饮行业和生活消费,远高于平均增长水平。2017 年终端电力消费总量依然呈现出上升的趋势,三次产业、生活消费均表现出持续上升,交通运输 2017 年较 2016 年增长了 13.3%,批发、零售部门增长了 8.73%,其他行业增长了 11%,生活消费增长了 7.7%。不难看出,终端能耗能源消费表现出了明显的"去煤化"。

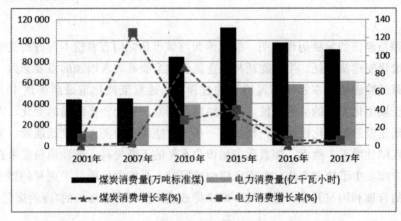

图 4-1 2001—2017 年我国终端能源煤炭、电力消费量

城市能耗主要有生产能耗、建筑能耗、交通能耗和生活能耗。在终端能耗消耗中,批发、零售和住宿、餐饮业,以及其他行业可以看作为建筑能耗,生活能耗除了生活消费外,还应该考虑北方地区的集中供暖能耗。图 4-2 反映了 2010—2018 年我国城市集中供暖情况,2018 年城市集中供热面积达到 878 050 万平方米。此外,自 2009 年以来,城市交通营运能耗年均增长率在 7% 以上,其中对电力的年均消费增长接近 10%。

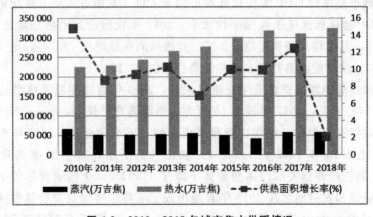

图 4-2 2010—2018 年城市集中供暖情况

4.2 我国城市化进程中的建筑能耗

依据城镇化率的不同，城市化进程一般划分为三个阶段，即低于 30％ 的初始阶段、30％～70％ 的快速发展阶段和城镇化率 70％ 以上的稳定阶段。我国目前处于城镇化的发展上升阶段，城市数量、规模、人口不断扩大，城镇建筑面积扩大，能源消耗与城镇发展保持了较高的同向性。

从广义的角度来说，建筑能耗指从最初建筑材料的生产以及施工、使用、维修，到最终拆除的全生命周期能耗；狭义的建筑能耗主要指建筑运行能耗，而城镇化对建筑能耗的更多影响体现在运行能耗的影响。因此，本书主要以建筑运行能耗为研究对象，建筑运行能耗的类型划分见表 4-1。

表 4-1 建筑运行能源分类

居住建筑能耗	城镇居住建筑能耗	统计来源：《中国能源统计年鉴》中的"中国能源平衡表"
	乡村居住建筑能耗	
公共建筑能耗	交通运输、仓储及邮电通信业电耗	这些行业的电耗主要是在建筑中发生，工业生产的比例很小，可全部计入建筑能耗，统计数据来源：《中国统计年鉴》中的"电力平衡表"
	批发和零售贸易业、餐饮业能耗	归属于建筑能耗。统计数据来源：《中国统计年鉴》中的"综合能源平衡表"
	其他行业	包括咨询服务、卫生、体育、教育科研、文艺等行业及国家机关和社会团体用能，大部分属于建筑运行能耗。统计数据来源：《中国能源统计年鉴》中的"中国能源平衡表"
集中供暖能耗	北方采暖地区集中供暖	统计数据来源：《中国城乡建设统计年鉴》

4.2.1 建筑能耗现状及趋势特征

4.2.1.1 居住建筑能耗

按照我国统计标准，居住建筑能耗包含了城镇生活能耗和乡村生活能耗，主要指居住建筑中采光、炊事、采暖等能源消耗。伴随着我国经济的快速发展和城乡建设一体化，居住建筑能耗整体表现出持续上升的趋势，无论是在城镇还是乡村，生活能耗都呈现出逐年攀升的趋势，如图 4-3 所示。

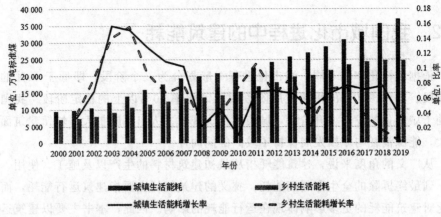

图 4-3　2000—2019 年我国城镇居住建筑能耗与增长率

城乡居住建筑能耗总量均逐年攀升，且近年来增长率波动较为稳定。城镇居住建筑能耗不论总量还是增长率都与城镇化水平持续增长保持一致性，反映出在城市化进程下有更多的人进入城市，这意味着对能源的需求会越来越多，城镇用能结构、方式也更加多样化。

4.2.1.2　公共建筑能耗

公共建筑能耗按照建筑用途主要涉及城市中的交通、物流及通信等行业用能，特别是城市化进程的不断加快，服务业在社会生产中所占比例不断提高，服务水平、功能类型不断完善，产业融合创新加快，意味着公共建筑方面的能耗需求规模将伴随城镇化水平的提高不断增大。本书将公共建筑能耗分为传统型服务行业、生产性服务行业以及其他行业展开分析。

我国交通运输、仓储及邮电通信业能源消耗主要表现为电力产品消耗，2000年以来的消耗情况如图 4-4 所示。

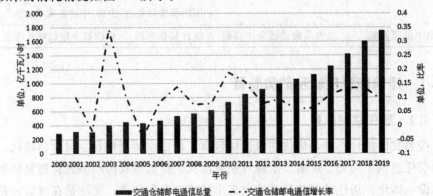

图 4-4　2000—2019 年全国交通运输、仓储和邮电通信业电耗与增长率

交通运输、仓储及邮电通信业发展迅猛，作为第三产业的支柱行业，在 2000—2019 年间，行业增加值翻了六倍，年均增长率达 10% 左右。2019 年，交通运输、仓储及邮电通信业电耗量为 1752.3 亿千瓦小时，该行业电耗在全国电耗所占的份额即 2.34%，相比之下该行业电耗水平比较高，该行业能源消费总量占全国能源消费总量的 9.1%，而其产业增加值在全国所占的份额只有 4.39%，高出了两倍多。可见，需要优化传统型服务业的能源消费结构，降低电耗，这需要引起我们足够的重视。

为了更好地对公共建筑能耗内部能源消费结构进行分析，根据能源转换公式：1 万千瓦小时 = 1.229 吨标准煤，将交通运输、仓储及邮电通信业电耗转换为以标准煤为计量单位，对公共建筑能耗进行对比分析，如图 4-5 所示。可以看出，在公共建筑能耗中，其他行业能耗最高，增幅最快；批发和零售贸易业、餐饮业能耗次之，呈现波动增长的状态；而交通运输、仓储及邮电通信业能耗最低，其增幅较为平稳。

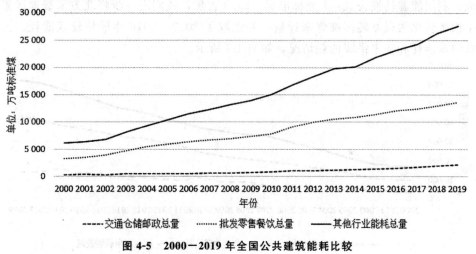

图 4-5　2000—2019 年全国公共建筑能耗比较

4.2.1.3　集中供暖能耗

集中供暖能耗是指我国北方采暖地区集中供暖能源消耗，按照《中国城乡建设统计年鉴》的数据，全国集中供暖数据主要统计北方地区，而南方地区并不在统计范围内。目前，北方采暖地区集中供暖分为城市集中供热和县域集中供热，如图 4-6 所示。

不论是城市集中供热能耗还是县域集中供热能耗在我国城市化进入快速发展阶段后都表现出增长趋势，城市集中能耗的增长规模与速度都远远超过了县城，这与城市规模与人口比重增加密切相关，同时人们对生活品质的要求随着收入的提高而出现更高标准。

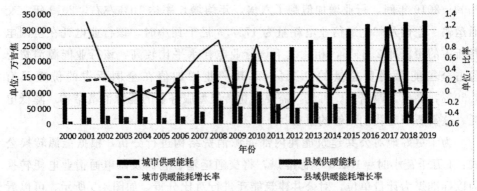

图 4-6　2000－2019 年全国集中供暖能耗及其增长率

通过以上分析，我们可以看出在城市化的推进中，建筑运行能耗不论是总量还是居住能耗、公共建筑能耗以及集中供暖能耗都呈现出了持续增长的发展特征。利用能源转换公式：1 吨标准煤＝29.3 吉焦，我们进一步将北方采暖地区集中供暖转化为以万吨标准煤来计量，并选取了 2000－2019 年居住建筑能耗、公共建筑能耗和集中供暖能耗情况，如图 4-7 所示。

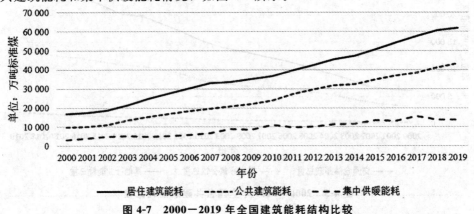

图 4-7　2000－2019 年全国建筑能耗结构比较

从图 4-7 中可以看出，建筑运行能耗所包含的三方面能耗均呈现出逐年上涨的趋势，其中居住建筑能耗最高，公共建筑能耗次之，集中供暖能耗最低。2017－2019 年居住建筑能耗的比重为 52%，公共建筑能耗约为 36%，集中供暖能耗占比 12% 左右。我国处于城市化水平的快速发展阶段，居住建筑能耗的增长成为未来城市能源消费结构优化的关键。

4.2.2　我国建筑能耗影响因素分析

为了更清晰城市化进程中影响建筑能耗的因素及其程度，仍然采用

STIRPAT 模型进行实证分析。

4.2.2.1　影响因素的选取

基于城市化的内涵以及建筑能耗的内涵，充分考虑人口、收入、产业等重要社会发展因素，选取人口、城镇化率、人均建筑面积、城镇居民消费水平和第三产业等影响建筑能耗的直接因素进行实证分析。

1. 人口因素

能源消耗的主体是人，作为城市化进程中最主要的标志就是城市人口的增加。人口众多、资源短缺是城市发展中面临的长期问题，特别是人口集中下的社会活动对环境带来的影响具有较强的不确定性，城市病就是最直接的表现。伴随我国城市化进程不断加快以及人口规模的迅速膨胀，更多的基础设施、公共服务、建筑面积、能源消耗等都呈递增态势，这必然引起建筑能耗和碳排放量的增加，人口因素对建筑能耗具有正向推动作用。

2. 城镇化率

城镇化率反映了人口结构的变化，2019 年我国常住人口城镇化率首次超过60%，在未来，我国城市人口占比将会越来越大，这一比例将在 70% 达到稳定阶段，这对能源消费来说也是一个巨大的挑战。结构的变化不仅表现在城市居住建筑面积的不断增加，还表现在对第三产业需求的增加，进一步引起公共建筑能耗的剧增。随之变化的还有人们的生产生活方式、消费方式等，这都会使能源消费量与消费结构持续优化。

3. 人均建筑面积

经济增长、城市化水平的提高和生活质量的改善等都会使人均建筑面积不断提高，建筑面积的扩大是引起建筑能耗增加的最直接因素。同时，用能设备的负荷也会随之增加，如采暖、照明等，现代化、智能化的生活方式，将会导致建筑能耗的进一步增长。

4. 城镇居民消费水平

城镇居民消费水平是衡量社会经济发展对居民消费能力影响的直接指标，经济越发展，居民消费水平越高。在消费水平变化的过程中，也体现了城镇居民消费产品和服务的满足程度，以及消费需求的变化趋势。改革开放以来，我国城镇居民消费水平提高了十多倍，这意味着人们的消费理念、消费需求发生了较大的变化，城镇居民对生活品质有了更高的要求，也意味着城镇居民可能更注重节能与环保，实际上这可能会降低能耗。

5. 第三产业

餐饮、旅游、通信、物流、计算机、金融等第三产业的服务化特征，决定了其能源消耗主要以电能为主，以建筑运行能耗为核心，因此，影响公共建筑能耗的主要因素是第三产业的发展。

4.2.2.1 影响因素的实证分析

1. 数据来源

本书以 2000—2019 年的数据为时间序列对象，包括建筑运行能耗、人口数量、城镇化水平、人均居住面积、城镇居民消费水平指数等指标，各变量说明见表 4-2。

表 4-2　模型中相关因素具体说明

变量	说明	单位
建筑运行能耗（E）	包括居住建筑能耗、公共建筑能耗、集中供暖能耗	万吨标准煤
总人口（P）	全国总人口	万人
城镇化率（U）	城镇人口占全国人口比例	%
人均居住面积（S）	城镇居民人均住房建筑面积	平方米
城镇居民消费水平指数（C）	按照 1978 年＝100 核算	
第三产业增加值指数（D）	按照 1978 年＝100 核算	

其中建筑运行能耗来自《中国统计年鉴》《中国能源统计年鉴》《中国城乡建设统计年鉴》的数据收集，其余数据指标均源于《中国统计年鉴》，详细数据见表 4-3。

表 4-3　2000—2019 年我国建筑能耗影响因素数据

年份	建筑运行能耗（万吨标准煤）	总人口（万人）	城镇化率（%）	城镇居民人均住房建筑面积（平方米）	城镇居民消费水平指数	第三产业增加值指数
2000	29 563.12	126 743	36.22	22.70	476.6	958.60
2001	31 654.65	127 627	37.66	23.60	479.9	1 057.00
2002	34 910.97	128 453	39.09	24.50	475.1	1 167.80
2003	39 985.71	129 227	40.53	25.30	479.4	1 279.20
2004	45 108.55	129 988	41.76	26.40	495.2	1 408.70
2005	49 904.72	130 756	42.99	27.80	503.1	1 582.80
2006	54 389.73	131 448	43.90	28.50	510.6	1 806.50
2007	59 317.66	132 129	44.94	30.10	533.6	2 096.80
2008	63 455.31	132 802	45.68	30.60	563.5	2 316.50

续表

年份	建筑运行能耗（万吨标准煤）	总人口（万人）	城镇化率（%）	城镇居民人均住房建筑面积（平方米）	城镇居民消费水平指数	第三产业增加值指数
2009	65 966.25	133 450	46.59	31.30	558.4	2 538.60
2010	71 456.35	134 091	49.95	31.60	576.3	2 784.00
2011	76 599.59	134 735	51.27	32.70	606.8	3 048.20
2012	81 944.10	135 404	52.57	32.90	623.2	3 292.40
2013	88 543.62	136 072	53.73	33.30	639.4	3 565.70
2014	91 066.45	136 782	54.77	34.60	652.8	3 844.10
2015	98 823.38	137 462	56.10	35.50	662.6	4 159.10
2016	104 258.16	138 271	57.35	36.60	676.5	4 481.70
2017	111 584.38	139 008	58.52	36.90	688.0	4 918.0
2018	115 323.96	139 538	59.58	39.00	702.4	5 310.7
2019	118 927.80	140 005	60.60	39.80	722.1	5 692.0

2. 模型建立

建立建筑能耗的 STIRPAT 模型，即

$$\ln E = \ln a + b_1 \ln P + b_2 \ln U + c_1 \ln S + c_2 \ln C + c_3 \ln D + \ln e \tag{4-1}$$

其中，E 是指建筑运行能耗，P 为总人口，U 表示城镇化率，S 即为人均居住面积，C 为居民消费水平指数，D 为第三产业增加值指数。a 为该模型的修正系数，b_1、b_2、c_1、c_2、c_3 分别表示总人口 P、城镇化率 U、人均居住面积 S、居民消费水平指数 C、第三产业增加值指数 D 的修正系数，e 为残差项。

模型中各变量之间可能存在共线性问题，利用 SPSS 数据分析软件对 STIRPAT 模型的共线性问题进行检验。多元线性回归模型的矩阵形式为

$$Y = X\beta + \varepsilon \tag{4-2}$$

其中，X 指模型矩阵，β 是参数向量，ε 为随机误差项，而参数向量 β 的最小二乘法估计值为 $\beta_{LS} = (X^T X)^{-1} X^T Y$，当模型中各变量相关程度较高时，$|X^T X|$ 会无限趋向于 0。因此，使用 OLS 法去判断模型中各个变量间的相关关系，VIF 越大，显示共线性越严重。经验判断方法表明：当 $0 < \text{VIF} < 10$，变量间不存在多重共线性；当 $10 \leqslant \text{VIF} < 100$，各变量间存在较强的多重共线性；当 $\text{VIF} \geqslant 100$，各变量间存在严重的多重共线性。利用 SPSS 22.0 的计算结果见表 4-4。

表 4-4 自变量相关系数及 VIF 值

自变量 \ 自变量	总人口 (lnP)	城镇化率 (lnU)	城镇居民人均住房建筑面积(lnS)	城镇居民消费水平指数(lnC)	第三产业增加值指数(lnD)	VIF 值
总人口 (lnP)	1.000					470.784
城镇化率 (lnU)	0.996	1.000				177.861
城镇居民人均住房建筑面积(lnS)	0.992	0.984	1.000			340.476
城镇居民消费水平指数(lnC)	0.994	0.993	0.983	1.000		626.767
第三产业增加值指数(lnD)	0.997	0.993	0.993	0.997	1.000	1 406.462

计算结果可以看出，模型中各个自变量之间相关性很高，需要对存在严重共线性的变量进行处理。岭回归分析法（ridge regression）本质上是一种有偏估计方法，在解决自变量间的共线性问题时，精度要高于无偏估计。当自变量间存在共线性问题时，岭回归算法是在自变量标准化矩阵 $X^T X$ 加上一个正常数矩阵 kI，则存在 $k > 0$，使得 $|X^T X + kI|$ 尽可能不为 0，岭回归参数估计为

$$\boldsymbol{\beta}_{Rid} = (X^T X + kI)^{-1} X^T Y \qquad (4-3)$$

其中，k 是指偏倚系数，其取值范围为[0，1]，一般小于等于 0.5，其取值根据岭迹图得到，I 为单位矩阵。运用 SPSS 22.0 对上式进行线性拟合，k 值的取值区间定为[0，1]，步长为 0.002，新计算结果见表 4-5。

表 4-5 岭回归后的拟合结果

R^2	0.99725505
F value	799.27260780
Sig. F	0.00000000
	系数值
总人口(lnP)	3.20412955
城镇化率(lnU)	0.84778780

续表

城镇居民人均住房建筑面积(lnS)	1.32535659
城镇居民消费水平指数(lnC)	−0.36324443
第三产业增加值指数(lnD)	0.23091216
常数项	−33.94224183

由计算结果可知，其中 $R^2 = 0.997$，拟合效果很好，显著性水平 $F = 799.273$，基于 F 计算出来的 Sig. F 即 P 值为 0.00000000，这表明选取的五个自变量中，起码有一个自变量是能够对因变量建筑能耗产生显著影响的，该回归方程的存在有意义。其中，总人口 P、城镇化率 U、人均居住面积 S、居民消费水平指数 C、第三产业增加值指数 D 的系数分别为 3.204、0.848、1.325、−0.363、0.231，常数项系数为 −33.942，因此得到模型的拟合方程如下：

$$\ln E = 3.204\ln P + 0.848\ln U + 1.325\ln S - 0.363\ln C + 0.231\ln D - 33.942$$

$$(4\text{-}1)$$

根据计算结果可以得出，人口对建筑能耗增长的影响程度最高，这与我国城市化进程的快速增长较为吻合。人口规模所导致的能耗增长速度远超过人口本身的增长速度，使建筑能耗呈现快速刚性增长；城镇居民人均住房建筑面积对建筑能耗的影响也呈正相关关系，且影响程度较大，当人均居住面积扩大时，建筑设备、家庭用能负荷等出现增加，居住建筑能耗呈递增态势；城镇化水平对建筑能耗有一定影响；与其他因素相比，第三产业对建筑能耗的影响程度最小。

对计算结果进行进一步分析，可以看出居民消费水平的提高促使建筑能耗下降，这与传统研究结论不太相同。分析原因如下：一是在早期研究中，我国城镇化水平较低，城镇居民消费能力有限，居住建筑用能主要以满足基本生活需求为主；二是伴随社会发展，技术水平的提高、生活理念的变化以及环保节能意识的增强，节能产品的供给与需求得到了双向保障，同时居民购买力的提高也促进人们更倾向于对节能设备的购买，如节能灯、变频空调、智能家居等；三是尽管技术因素难以量化并没有将其单独在模型中分解出来考虑，但实际上建筑节能技术正在不断地深入建筑全过程能耗之中，低碳建筑、零碳建筑等在我国得到了广泛推广，对于提高能源利用效率、降低碳排放，发挥了积极作用。

4.2.3　基于情景假设的建筑能耗趋势预测

为了更好地预测建筑能耗的发展趋势，根据我国城镇化率水平的预测，在

2025 年我国总人口数量将达到 143 884 万人，并且城镇化率有望突破 70%，本书假定人口和城镇化率呈线性增长趋势，因此可以得到 2021—2025 年间我国人口和城镇化率的数据。同时，对人均建筑面积、消费水平指数和第三产业增加值指数进行估计，设置在不同增长水平下的建筑能耗情景，从而进行趋势预测。具体情景设置见表 4-6。

表 4-6　我国建筑能耗情景假定

	人口与城镇化率	城镇居民人均 住房建筑面积	城镇居民消 费水平指数	第三产业 增加值指数
情景 1	线性增长	低增长	低增长	低增长
情景 2	线性增长	低增长	低增长	高增长
情景 3	线性增长	低增长	高增长	低增长
情景 4	线性增长	低增长	高增长	高增长
情景 5	线性增长	高增长	低增长	低增长
情景 6	线性增长	高增长	低增长	高增长
情景 7	线性增长	高增长	高增长	低增长
情景 8	线性增长	高增长	高增长	高增长

不同情景下建筑能耗影响因素指标的预测，见表 4-7。结合模型运用等式（4-1）对八种情景下我国建筑运行能耗 2021—2025 年的情况进行预测，结果见表 4-8。

表 4-7　2021—2025 年不同情景下各指标的预测结果

年份	人口 （万人）	城镇化率 （%）	城镇居民人均住房 建筑面积（平方米）		城镇居民消费 水平指数		第三产业 增加值指数	
	线性增长	线性增长	低增长	高增长	低增长	高增长	低增长	高增长
2021	142 740	61.8	37.73	48.08	1 258.8	1 834.87	6 512.24	9 441.54
2022	143 025	63.65	37.96	50.78	1 302.66	2 047.35	7 017.59	10 958.79
2023	143 311	65.56	38.19	53.63	1 347.94	2 284.44	7 562.16	12 719.87
2024	143 598	67.53	38.42	56.64	1 394.84	2 548.97	8 148.98	14 763.95
2025	143 884	70	38.66	59.82	1 443.39	2 844.14	8 781.34	17 136.52

表 4-8　2021—2025 年我国建筑能耗情景预测　　　单位：万吨标准煤

年份	情景 1	情景 2	情景 3	情景 4	情景 5	情景 6	情景 7	情景 8
2021	137 371.54	149 678.68	119 809.80	130 543.58	189 404.22	206 372.98	165 190.56	179 990.01
2022	143 592.12	159 164.55	121 857.31	135 072.61	211 137.91	234 035.62	179 179.03	198 610.82
2023	150 101.90	169 260.07	123 942.30	139 761.60	235 379.28	265 421.77	194 357.63	219 164.34
2024	156 904.13	179 992.88	126 062.49	144 612.30	262 412.30	301 026.77	210 831.81	241 856.12
2025	164 937.77	192 483.58	128 941.34	150 475.49	294 116.67	343 236.32	229 927.93	268 327.58

　　对比情景 1 和情景 3 可知，城镇居民消费水平与建筑能耗总量成反比；对比情景 1 和情景 5 可知，城镇居民人均住房建筑面积与建筑能耗总量成正比；对比情景 7 和情景 8 可知，第三产业增加值指数与建筑能耗总量呈正比。三者之中，城镇居民人均住房建筑面积影响程度最大，城镇居民消费水平指数的影响程度次之，而第三产业增加值指数的影响程度最小。因此，控制我国建筑能耗应重点减少城镇居民人均住房建筑面积，同时提高城镇居民消费水平。

4.3　我国城市化进程中的生活能耗

　　任何形式的社会活动和社会行为都需要消耗能源，长期以来人们关注的重点都是生产活动消耗的能源。然而，随着我国人口的增长和居民收入水平的提高，生活消耗呈现出快速增长态势。2017 年中国居民生活直接能源消费已达到 57 620 万吨标准煤，占据我国能源消费总量的 12.8%，是仅次于工业的第二大能源消费部门。因此，生活能源消费领域的节能减排对实现我国整体节能减排目标有着重要的意义。生活能耗不断增加，这与我国城镇化率不断提升密不可分。在快速的城镇化进程中，形成了城乡二元结构，城镇和乡村居民的生活方式、收入水平等有了较大的差异，在生活能源的消费量、能源种类和结构上也有不同的特征和变化趋势。

4.3.1　生活能耗的内涵与测算

1. 生活能耗的内涵

　　生活能耗是指居民在日常生活中的衣食住行等活动所消耗的能源，生活能耗可分为直接生活能耗和间接生活能耗两大类，其中直接生活能耗指照明、炊事、交通等活动直接消耗的能源；间接生活能耗是居民购买和使用商品和服务所引起的间接能源消费，例如，居民购买食品的行为并没有直接消耗能源，但是食品的加工制作消耗了能源，被称之为间接生活能耗。

2. 生活能耗的测算

直接生活能耗一般可以从《中国能源统计年鉴》中直接查询得到，而间接生活能耗需要进一步计算得出，常用的计算方法是采用投入产出表。间接生活能耗的计算前提是充分掌握居民在生活中使用的产品和服务数量，以及生产这些产品和服务所需要投入的材料，进而计算得到产品生产过程中消耗的能源。首先，利用投入产出表可以得到每一个行业的完全消耗系数，再根据居民日常生活消费的八项支出，找到与生活密切相关的产业部门，通过完全消耗系数矩阵计算出居民生活消费归根到底消耗了哪些原材料，根据这些最原始的投入品的能源强度和消费量就可以计算出居民生活的间接生活能耗。

4.3.2 利用投入产出法下的间接生活能耗测算

我国的投入产出表中有 100 多个部门，但《中国能源统计年鉴》的部门分类只有 40 多种，因此，我们按照《中国能源统计年鉴》的分类对投入产出表部门进行分类合并，得到直接消耗系数矩阵 A，再根据 $B=(I-A)-1-I$（I 为单位阵）计算出完全消耗系数矩阵 B，表示第 j 种产品增加一个单位的最终使用时，对第 i 种产品的完全需要量，Y 为居民消费列向量。最终利用 $E=DBY$ 计算间接生活能耗，其中 E 为居民间接生活能源消费量，D 为直接能源强度矩阵，B 为完全消耗系数矩阵。

我国每 5 年编制一次完整的投入产出表，按照相近原则，2000－2004 年使用 2002 年的完全消耗系数矩阵、2005－2009 年使用 2007 年的完全消耗系数矩阵，2010－2014 年对应 2012 年、2015－2017 年对应 2017 年的完全消耗系数矩阵。表 4-9 中给出了居民生活消费所涉及的产业部门，以 2017 年的《中国能源统计年鉴》中的产业分类为例。

表 4-9　居民各项消费支出对应的生产部门

支出项目	生产部门
食品烟酒	农副食品加工业，食品制造业，酒、饮料和精制茶制造业
衣着	纺织业，纺织服装、服饰业，皮革、毛皮、羽毛及其制品和制鞋业
居住	非金属矿物制品业，金属制品业，电力、热力生产和供应业，燃气生产和供应业，水的生产和供应业

续表

支出项目	生产部门
生活用品及服务	木材加工和木、竹、藤、棕、草制品业， 家具制造业，电气机械和器材制造业
交通通信	汽车制造业，铁路、船舶、航空航天和其他运输设备制造业， 计算机、通信和其他电子设备制造业
医疗保健	医药制造业
教育文化娱乐	造纸和纸制品业，印刷和记录媒介复制业， 文教、工美、体育和娱乐用品制造业
其他用品与服务	批发、零售业和住宿、餐饮业

通过投入产出表计算得到 2000—2017 年间接生活能耗，见表 4-10。

表 4-10　生活能耗计算结果　　　　　单位：万吨标准煤

年份	间接生活能耗	直接生活能耗	生活能耗总量
2000	34 988.87	16 695	51 683.87
2001	37 744.95	17 301	55 045.95
2002	44 133.37	18 642	62 775.37
2003	48 099.32	21 448	69 547.32
2004	52 043.48	24 745	76 788.48
2005	52 861.75	27 573	80 434.75
2006	58 732.14	30 102	88 834.14
2007	65 264.05	32 891	98 155.05
2008	70 056.57	33 689	103 745.6
2009	78 772.68	35 173	113 945.7
2010	87 881.94	36 470	124 351.9
2011	95 464.14	39 584	135 048.1
2012	104 637.6	42 306	146 943.6
2013	100 730.9	45 531	146 261.9
2014	108 622.5	47 212	155 834.5
2015	107 166.5	50 099	157 265.5
2016	115 445.3	54 209	169 654.3

续表

年份	间接生活能耗	直接生活能耗	生活能耗总量
2017	122 804.4	57 620	180 424.4

4.3.3 我国城市化进程中生活能耗的现状

2017 年生活能耗总计 180 424 万吨标准煤，而当年我国能源消费总量为 448 529 万吨标准煤，因居民日常生活而直接、间接消耗的能源总量占比达到 40%。其中，居民直接生活能耗为 57 620 万吨标准煤，占据我国能源消费总量的 12.8%。间接生活能耗为 122 804 万吨标准煤。2000－2017 年我国居民生活能耗情况如图 4-8、图 4-9 所示。

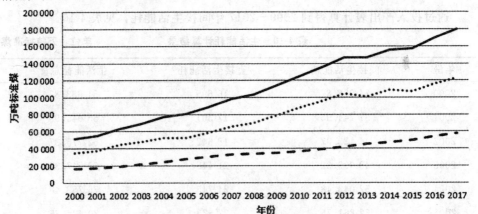

图 4-8 2000－2017 年我国居民生活能耗

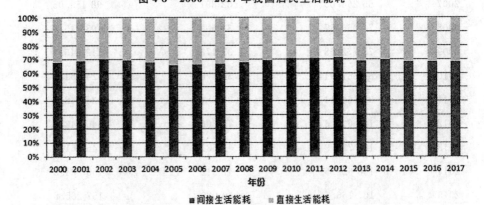

图 4-9 2000－2017 年我国居民直接生活能耗与间接生活能耗

2000 年以来，直接、间接生活能耗的占比相对稳定，间接生活能耗占生活能耗总量的 70% 左右，是直接生活能耗的 2 倍多。直接生活能耗保持稳定的增长趋势，2017 年直接生活能耗达到 2000 年的 3 倍，生活能耗总量的变化趋势与间接生活能耗的趋势相似。2017 年生活能耗总量达到 2000 年的 3 倍，增长速度快，直接和间接生活能耗也分别都较 2000 年增长了 3 倍。2012 年生活能耗的增长趋势出现了一定的波动，但可以看出直接生活能耗仍然保持原来的增长趋势，说明生活能耗总量的波动主要是受益于间接生活能耗的减少，这说明我国在生产领域的能源效率提高，能源革命所引发的间接生产领域节能成效显著。

4.3.4　生活能耗影响因素的实证分析

为了更清晰城市化进程中影响生活能耗的因素及其程度，依然采用 STIRPAT 模型进行实证分析。

4.3.4.1　影响因素的选取

IPAT 模型及其扩展后的 STIRPAT 模型从人口因素、富裕度因素、技术因素三个方面分析环境的压力。根据生活能耗的内涵，在人口因素方面，在人口规模指标的基础上增加人口结构和人口密度指标。城市化使得大量人口进入城市，而城市面积扩张速度低于人口扩张速度，导致城市人口密度发生变化，进而会影响能源消耗。特别是人口密度过高会诱发城市病，可能会消耗更多的能源。在富裕度因素方面，采用人均消费支出来表示富裕程度的变化对生活能耗的影响。技术水平的衡量指标则选择能源强度和第三产业比重。能源强度是单位 GDP 所付出的能源代价；第三产业的服务化、高技术特征，使其成为衡量现代经济发展程度的主要标志，也能够反映出居民生活的高级化程度。

4.3.4.2　影响因素的实证分析

1. 数据来源

人口数量、城市人口密度、人口城市化率和第三产业比重均直接来自《中国统计年鉴》。2013—2017 年的人均消费支出数据可由《中国统计年鉴》直接得到，2000—2012 年对城乡分别进行统计，因此根据城乡人口比例进行加权平均处理，得到人均消费支出，并根据物价指数统一折算到 2000 年的水平。在《中国能源统计年鉴》得到使用发热煤耗计算法计算的标准煤消耗量，将《中国统计年鉴》中的 GDP 数据折算到 2000 年价格水平，计算得到能源强度。

2. 模型建立

模型各变量说明见表 4-11，最终确定的 STIRPAT 模型对数形式为：

$$\ln I = \ln a + b\ln P + c\ln CI + d\ln PD + f\ln A + g\ln EI + h\ln TH + \ln e$$

其中，$\ln a$ 为常数项，$\ln e$ 为误差项，b、c、d、f、g、h 均为待估计的参数，由于对数化之后的模型是线性形式，下面将用线性回归的方法估计参数。

表 4-11　变量符号及含义

变量	符号	单位
生活能耗	I	万吨标准煤
人口数量	P	万人
人口城市化率	CI	%
城市人口密度	PD	人/平方千米
人均消费支出	A	元
能源强度	EI	吨标准煤/亿元 GDP
第三产业比重	TH	%

利用 SPSS 进行共线性检验，其结果见表 4-12，模型整体上存在着多重共线性。

表 4-12　共线性检验结果

变量	P	CI	PD	A	EI	TH
VIF	296.243	443.811	10.443	162.827	43.023	41.048

为了克服自变量之间的多重共线性，采用岭回归方法进行模型估计，得到不同 K 值对应的 R^2 值。

为了克服自变量之间的多重共线性，采用岭回归方法进行模型估计，得到不同 K 值对应的 R^2 值。K 值越小，回归方程的 R^2 越大，说明方程的拟合程度越高，因此应该选择一个尽可能小的 K 值来确定最终的方程系数。但是 K 值不能任意小，影响回归系数的稳定性。因此，使回归系数稳定的尽可能小的 K 值应选择 0.2，重新得到方程的回归结果，见表 4-13。

表 4-13　岭回归方程拟合优度

R	R^2	调整 R^2	标准估计误差（SE）
0.9865283980	0.9732382801	0.9586409783	0.0763905340

表 4-14　岭回归系数

自变量	非标准系数	非标准系数的标准误差	标准化系数
P	2.93000227	0.28265915	0.21969387
CI	0.54673993	0.05709432	0.21944435
PD	0.19312051	0.03035570	0.30271761
A	0.16363845	0.02360672	0.22026876
EI	−0.02581608	0.06690650	−0.01479452
TH	−0.06404071	0.19472802	−0.01398808
常数项	−24.20961311	3.64107103	0.0000

表 4-15　岭回归方差分析

	df	平方和(SS)	均方(MS)	F	Sig. F
回归	6.000	2.334	0.389	66.67247783	0.00000005
残差	11.000	0.064	0.006	——	——

方程的拟合优度 R^2 达到 0.97，调整后的 R^2 也高于 0.95，可见方程的拟合效果很好。模型的 Sig. F 值为 0.00000005，说明 F 值显著，因变量和自变量之间的拟合程度高。

根据岭回归系数写出回归方程为：

$$\ln I = 2.93000227 \ln P + 0.54673993 \ln CI + 0.19312051 \ln PD + 0.16363845 \ln A$$
$$- 0.02581608 \ln EI - 0.06404071 \ln TH - 24.20961311$$

根据计算结果可以得出人口规模、人口城市化率、人口密度、人均消费支出的系数为正值，表示这四个因素的增加会导致生活能耗的增加。人口规模的弹性系数最大，为 2.93，该弹性系数表示人口规模增加 1%、其他因素不变时，生活能耗将增加 2.93%，这一结果反映出人是能源消费的主体，是消耗能源的最直接的因素。人口城市化率和城市人口密度的影响程度次之，1% 的变化会引起生活能耗 0.55% 和 0.19% 的变化。我们已经知道城市化和人口密度的提高可能有两个方向的影响，既可能体现集约优势，通过减少交通距离、集中用能等途径减少能源消耗；又可能因为交通拥堵、住房环境差等问题而消耗更多的能源。模型计算结果显示人口城市化率和城市人口密度对生活能耗的影响均为正向作用，说明我国能源集约优势缺失。人均消费支出的正向影响作用最低，弹性系数仅为 0.16，这说明居民消费水平的提高对能源消耗的增加影响力较小，高品质生活对节能产品、环保产品等消费理念的转变成为城市化进程中改善能源消费结构与减少能源消耗的重要支撑。

对生活能耗影响系数为负值的自变量有两个，能源强度和第三产业占比，即这两个指标的增加可以减少生活能源消费，反之，能源强度和第三产业占比的减少会增加生活能源消费量。第三产业是低能耗的产业，所以第三产业占比提高可以减少整体的能源消费量，通过各产业之间的相互投入使用，就可以减少居民的间接生活能耗。然而能源强度的弹性系数为负值与常规认识相违背，推测在生活能耗中存在能源强度的回弹效应。回弹效应一般是由于技术的进步与发展，生产和以前同样的商品或服务，现在只需要更少的能源，能源成本的下降使总成本降低，进一步推动了相应商品或服务需求的持续增长。因此。产品需求增长部分或全部地抵消能源强度降低对能耗总量的负效应，最终导致能源消耗量不降反增。

4.3.5 基于情景假设的生活能耗趋势预测

根据所建立的生活能耗 STIRPAT 模型对我国 2021－2030 年的生活能耗进行预测。根据国家发改委公布的《国家人口发展规划（2016－2030 年）》，到 2030 年人口达到 14.5 亿、城市化率达到 70％。根据不同时间节点的规划目标计算出 2021－2030 年之间每年的人口、城市化率的平均增长速度，从而得到每年具体的人口规模和城市化率。对于城市人口密度指标，根据 2000－2017 年的城市人口数量和城市人口密度反推出城市的面积，发现近十年来城市面积很稳定，波动幅度非常小，其原因在于城市面积的扩张是缓慢的过程，扩张速度不会剧烈变化。因此，假设城市面积以 2007－2017 年的平均速度增长。根据城市面积和 2021－2030 年人口总量、城市化率目标，可计算得出每种情景下 2021－2030 年每年的城市人口密度指标。此外，针对其他指标设定不同变化情景。

对于人均消费支出，计算每年的增长速度，设置基准情景为按照 2015－2017 年的平均增长速度进行增长，基准情景记为 M1。为减少异常值的影响，以每 5 年为窗口对 2007－2017 年的增长速度进行均值平滑，选择一个最大的平均值和一个最小的平均值，分别作为富裕度快速、慢速发展情景下的增长速度，快速、慢速发展情景分别记为 H1 和 L。

我国提出"双碳目标"，积极应对全球气候问题，能源强度逐年下降。因此，能源强度情景设置为持续降低。假设基准情景为按照 2015－2017 年的平均速度继续下降，基准情景记为 M2。在节能情景中，能源强度的下降速度为 2007－2017 年下降速度进行均值平滑后最快的下降速度，记为 H2。第三产业比重则设置为持续上升，按照我国产业结构调整优化方向和第三产业的发展潜力为依据。

第三产业比重的基准情景增速为 2015－2017 年的平均增速，基准情景记为 M3；快速发展情景的增速同样取 2007－2017 年均值平滑后的最大增长速度，此情景记为 H3。根据所设置的不同情景得到 12 种预测方案，见表 4-16，预测结果见表4-17。

表 4-16　预测方案的设定

方案序号	人均消费支出情景	能源强度情景	产业结构情景
1	L	M2	M3
2	L	M2	H3
3	L	H2	M3
4	L	H2	H3
5	M1	M2	M3
6	M1	M2	H3
7	M1	H2	M3
8	M1	H2	H3
9	H1	M2	M3
10	H1	M2	H3
11	H1	H2	M3
12	H1	H2	H3

表 4-17　生活能耗的预测结果（单位：万吨标准煤）

方案	2021 年	2025 年	2030 年
1	511 030.9	560 331.2	614 387.7
2	510 531.1	558 871	611 788
3	511 613.7	562 037	617 429.9
4	511 113.3	560 572.4	614 817.4
5	519 457.1	585 308.7	659 508.3
6	518 949.1	583 783.4	656 717.7
7	520 049.6	587 090.6	662 774
8	519 540.9	585 560.6	659 969.6
9	540 621.7	651 081.1	784 109.5

续表

方案	2021 年	2025 年	2030 年
10	540 093	649 384.4	780 791.6
11	541 238.3	653 063.2	787 992.1
12	540 709	651 361.3	784 657.9

预测结果显示，随着时间的变化，各方案之间的差距较为明显。方案 1~4 的预测数据都在 61 亿吨标准煤左右，方案 5~8 集中在 66 亿吨标准煤左右，方案 9~12 的预测值都在 78 亿吨标准煤以上，这恰好符合按照居民消费支出增长速度划分的方案组合。各组之间差异明显，每组之间各方案的差异较小，说明消费支出对生活能耗的影响程度最大，而相比之下能源强度和第三产业比重的影响不大，这是因为居民间接生活能耗的基础就是消费，有了最初的各项消费支出才可以考虑其背后的投入产出关系，然后能源强度和产业结构才会起影响作用。

在每一组的内部，固定了相同的消费支出增速后，预测的生活能耗排序是 (M2，H3)<(M2，M3)<(H2，H3)<(H2，M3)，与基准情景相比，低能耗、高附加值的第三产业比重增加可以减少生活能耗，而能源强度增加则会增加生活能耗，这是由于回弹效应的影响。当第三产业比重和能源强度都同时以较快的速度增长时，生活能耗还是大于基准情景，这说明回弹效应增加的能耗超过了产业结构升级的节能作用。值得注意的是，虽然能源强度的回弹效应使生活能耗增加，但我们应当注意到生产性的能源消费，能源强度降低可以有效地节约整体能源消费量。

目前我国正处于城镇化的快速发展阶段，人口规模和城镇人口占比将逐渐增大，为避免出现由此导致的建筑能耗、生活能耗的急剧增长和"城市病"的现象，利用先进能源技术、可持续能源发展模式、创新商业模式构建起适应新城镇发展的能源利用体系是降低城市能耗，实现我国"双碳"目标的必由之路。信息技术的革新使能源互联网在空间适应性、结构多样性和整体可控性方面有了大幅提升，如何发挥多元主体、在共享能源的供需基础上，实现共享收益，最终形成从能源生产、分配、使用、消费各环节的共享能源经济体系，是能源发展的最终目标。

产品的需求将会增加，这反过来会增加能源消耗的总量。学者们把这种现象称为能源强度的回弹效应，对于回弹效应的研究还不成熟，但学者们普遍支持回弹效应的存在。总体而言，虽然能源强度降低会通过回弹效应而增加生活能耗，但对于国民经济整体而言却是利大于弊，应该继续研究节能技术，进一步降低生活能耗。同时要关注和支持回弹效应方面的研究，分析其作用机理，合理地减弱或者利用回弹效应。

第 5 章 城镇能源综合利用共享体系框架

自共享理念提出后在经济领域被广泛实践，目前基本覆盖了以商品分配、有形服务、无形资产协作等应用场景。共享发展理念已经成为中国社会发展的总体目标，新一代信息技术的加速突破和应用，将使未来生活场景发生深刻改变。2017 年《关于促进分享经济发展的指导性意见》指出，分享经济在推进我国供给侧结构性改革，促进社会创新发展方面有着积极作用，有益于资源利用效率和经济发展质量的提高。《中国共享经济发展报告 (2021)》显示，2020 年我国共享经济市场交易同比增长约 2.9%，总规模达到 33 773 亿元，其中生活服务、生产能力、知识技能三个领域的市场规模位居前三。目前，我国是世界上城市化进程最快的国家之一，新型城镇区域的快速发展拉动了地区经济的增长，但是作为城市高效可靠运行基础的能源系统在发展速度上明显滞后于城镇化的步伐。研究表明，城市越是朝着现代化方向发展，对能源的依赖性越强。新型冠状病毒对城市、社会、经济的发展可能是长期的，如何应对危机是城市能源发展面临的一次严峻考验，尽管能源革命已然展开，但城市能源体系的安全性、可持续性、低碳化将面临更大的挑战。

党的十九大提出绿色发展是我国生态文明建设的首要任务，构建清洁低碳、安全高效的能源体系是能源革命的关键。长期以来，我国煤炭、石油、天然气、可再生能源等部门形成了各自相对独立的生产、运营系统和产业链，长期的能源孤立发展模式和发展的不平衡导致能源使用效率低下、资源浪费严重、城市环境恶化等问题。开展能源革命、建立可持续能源利用体系、实现智慧能源使用是未来城镇发展的必然要求与趋势。信息技术的发展对社会经济生活发生了巨大影响，智慧型生产、"互联网＋"成为行业变革的重要方向。能源互联网理念的提出及近年来的落地实践，为解决能源危机和环境危机提供了新的思路。能源设备与各类负荷资源凭借共享模式实现资源的再整合与优化配置是能源互联网的发展基础，也是未来能源体系实现资源共享演化的过程。共享发展理念已经成为中国社会发展的总体目标，新一代信息技术的加速突破和应用，将使未来生活场景发生深刻改变，共享经济显示出了广阔的发展空间，能源领域具有极大的发展潜力。

5.1 能源共享

在传统能源（物理）系统内"竖井林立"，煤炭、石油、天然气、可再生能源等部门大都孤立规划和运行，形成了各自相对独立的子系统和产业链，行业相对封闭，互联程度有限，能源发展孤立和不平衡导致能源效率低下、资源浪费问题突出。能源互联网的核心价值是互联共享，能源可以像互联网信息共享那样，实现能源领域的开放共享与交换共享，通过共享可以将闲置的能源重新分配，提高能源资源的利用率，优化资源的配置。能源互联网是传统能源竖井，单向式发展向互联、共享方式发展转变的结果，如图 5-1 所示。

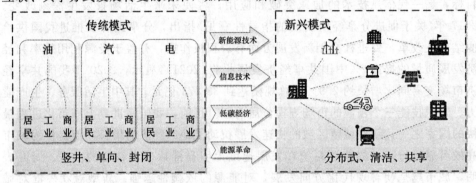

图 5-1　能源发展模式的转变

在传统发展模式下，能源领域形成了分别以煤炭、石油、天然气、可再生能源等部门为核心的一个个相对独立的子系统和产业链条，集中的"点-线"式供应系统强化了上下游生产之间的刚性关联，形成了"能源竖井"，系统整体效率偏低、污染排放普遍偏高。

新能源技术和信息技术为打破传统能源模式提供了技术保障，市场需求和从上而下的能源革命为能源互联的新兴模式提供了市场条件。共享经济运行的前提条件是存在可供分享的物品或服务，能源系统属于复杂性系统，能源类型的多样化使能源共享标的物的明晰成为能源共享的重要前提，在能源生产、消费、传输、储存的全产业链条中，涉及一次能源共享、二次能量共享、系统容量共享、辅助服务共享等要素，能源共享应用发展如图 5-2 所示。能源互联网通过能源调节系统，提高能源使用效率，实现信息、能量和能源之间双向流动共享。

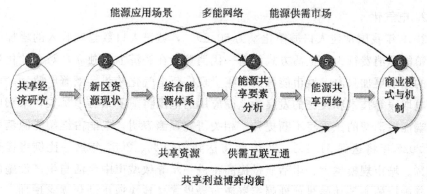

图 5-2　能源共享应用

5.2　城镇能源消费共享需求趋势

城市是能源利用的最主要区域，也是碳排放最集中的来源，全球约 75% 的能耗和 60%～70% 的碳排放在城市中产生（David Satterthwaite，2008）。快速的城镇化和供给侧结构调整使能源消费的增量逐渐从高耗能行业企业转向居民生活、商业建筑和新兴低碳产业，曾经"以点为主"的能源消费局面，逐渐向"点-面协同分布"转变。随着我国经济发展质量的提高、人口城镇化的进一步发展，城市能源需求受到人口、产业、空间、交通等因素的影响将更加明显，能源消费需求呈现出新的发展趋势。

1. 去煤化

对产业发展的研究表明，在产业结构调整和变动的过程中，尽管各个国家有所不同、阶段不同，但能源消费都表现出较为关键的作用。产业结构升级与优化是工业用能变革演进的内在驱动力，也是用能结构变化的直接因素，产业结构升级会促进能源消费结构优化，二者之间存在正反馈效应。2000 年煤炭消费占我国能源消费总量达 68.5%，2018 年煤炭消费占比下降至 59%；同期，电力消费占比从 7.3% 上升至 14.3%。2018 年第三产业占国内生产总值比重为 59.7%，第三产业比重的增大将加速能源结构的"去煤化"趋势。这种趋势在城市的变化更加明显，以北京市为例，2010 年煤炭消费占比达 29.59%，2017 年煤炭消费占比下降至 5.65%；同期，天然气消费占比从 14.58% 上升至 31.8%，电力消费增长达 28.4%。2019 年北京市第三产业增长 6.4%，第三产业占比达 83.5%。由此可以看出，随着我国产业结构的升级与优化，能源消费呈现出明显的"去煤化"发展趋势。

2. 电气化

2019 年我国常住人口城镇化率为 60.60%，城市人口数量和收入的增加改变了城镇能源消费行为与生活方式，新一代消费者在经济上更独立，对个性化生活方式的追求更加自由。城市能源消费将呈现广泛电气化趋势。随着电驱动、电加热、电取暖等技术和设施的发展，电能应用的范围将前所未有地扩大，未来电能占终端能源消费的比重将不断提升。相关研究预测表明，电能占终端能源消费的比重 2025 年将达到 31.4%、2035 年将达到 40.6%、2050 年这一比例将提升至 51.7%。城市规模越大、生活质量提高将进一步导致城市中生活与生产设施的分散，基础设施服务功能排他性强等资源布局模式导致快速机动化需求增加。2019 年全国汽车保有量达 2.6 亿辆，较 2018 年增长 8.83%，近 10 年私人汽车拥有量保持了年均 17% 以上的增长率。2019 年全国新能源汽车较上年增长 46.05%，其中，纯电动汽车保有量 310 万辆，占新能源汽车总量的 81.19%。随着共享出行、无人驾驶等新模式、新技术的发展，对传统城市客运交通服务提出了新的挑战，在未来城市交通中将明显呈现出电动化、自动化和共享化趋势，这些新的交通方式与运行方式又是相互协同、相互促进、相互发展的关系。我们也看到了城镇发展过程中交通体系与能源体系的融合度将进一步提高，城市能源利用体系必将满足交通体系的融合发展需求。此外，城镇居民平均每百户年末主要耐用消费品拥有量近五年实现年均增长率 4% 以上，2020 年我国家电市场进入更新换代的集中爆发期，传统家用电器品类近几年均呈现出明显的高端消费趋势，消费需求升级特点显著，数据显示，2016 年到 2018 年主要耐用消费品高价位市场份额增长较为明显，最大涨幅达 14.9%。智能、健康的生活愿景推动了生活方式更加便捷化和多元化，未来将可能形成全品类智能电气化。

3. 绿色建筑

城市化进程还将加快我国建筑能耗持续的增长态势。2018 年，我国城镇居民人均住房建筑面积 $39m^2$，据统计，2011—2016 年我国城市建筑面积年均增长 5.3%，其中城镇住宅年均增长 3.8%，公共建筑年均增长 8.8%，这其中公共建筑的单位面积能耗增速相对更快，是居民建筑单位面积能耗的 2.3 倍。城镇人口的集聚、功能的集中，使建筑用电梯、空调、数据中心等高耗能设备快速增加，建筑能耗将保持长期增长态势。我国在公共建筑方面开展了主动、系统化的节能措施，包括设备系统节能、绿色照明和运营管理优化等。与发达国家相比，我国绿色建筑发展起步较晚，但伴随着城市化的快速推进，近年来，绿色建筑的发展步入快车道。据住房和城乡建设部统计，截至 2019 年，我国累计建设绿色建筑面积超过 50 亿 m^2，并且在 2019 年当年城镇新建建筑中，绿色建筑占比 65%，规划到 2022 年，城镇新建建筑中绿色建筑面积占比将达到 70%。未来，结合建筑区域的气候条件、资源禀赋和功能特点，从建筑设计起步阶段，融合能源体系规划，加强建筑运行阶段的能源管理，实现全寿命周期的绿色建筑能源利用。

4. 智能生产与服务

先进制造业与现代服务业深度融合的服务型制造的新业态将意味着在制造业部门中有更多服务化内容，资源消耗和能源消费减少，促进下游用户生产和使用过程的绿色化。智能制造体系核心环节不断成熟，信息化、互联化、智能化、数字化阶段，计算机、现代传感、信息融合、通信、人工智能等技术成为推动我国智能制造领域发展的重要力量。社会生产新模式、新业态，以及以电能为重要载体的"大云物移"信息技术的广泛应用，将促使社会生产对电能的需求不断提升，针对不同行业、不同企业提供个性化的能源管理方案，开展能源智能管理将成为智能生产过程中的重要特征。

经济、社会、文化等多方面的发展对未来城市能源需求的影响是显著的，同时城市能源环境和能源治理面临着双重压力与挑战。一方面，2018 年全国 338 个城市中 64.2% 的城市环境空气质量超标，发生中度污染 1899 天，严重污染 822 天，比 2017 年有所增加；另一方面，城市能源治理面临着市场化程度低、信息贯通共享弱、公众参与度低、多头规划与管理的弊端，影响着城市能源系统的整体效率。因此，顺应能源供给与需求发展趋势，构建城市综合能源利用体系是十分迫切的。

5.3　城镇未来能源利用体系特征

历史发展经验表明，能源发展正在由集中向集中与分布式并举转变，清洁低碳是能源供应模式变革的主旋律，进一步提升电力消费在终端部门的比重，增强能源系统的电气化和低碳化、推动"绿色化""阳光化"建筑、"去油化"的交通运输，是我国未来重塑能源系统、构建新型城市能源利用体系的关键，能源互联网将成为重要的载体。

1. 开放与共享

传统能源规划着重从供应侧角度对能源的开发与利用以及能源安全、能源结构问题进行规划，城市层面的专项规划则重点解决城市能源供应的渠道问题，然而城市能源互联网的规划则不仅涉及供应侧与需求侧、一次能源与二次能源规划，还具有信息、能源、价值开放与共享的特征。能源互联网的开放性，将各类能源设备和负荷资源通过共享模式实现聚合，在能源生产、消费、传输、储存的全产业链条中，涉及一次能源共享、二次能量共享、系统容量共享、辅助服务共享等要素。能源互联网的共享性，将根据需求进行资源的优化配置，特别是将被低估的、浪费的资源重新配置出去，对于共享标的物的拥有者、享用者等参与方来说，通过分享能够获取收益。

2. 数字与智能

能源系统的物理层面与数字信息技术相结合，使能源系统数字化，将收集的数据信息进行系统整合与优化决策，提升系统效率和优化控制管理。互联网驱动着能源行业的信息化，也催生了基于能源数字化的大规模商业创新。智慧城市的建设加速了万物物联的步伐，物理设备的数字标签，为智慧互联和智能管理提供了技术保障，数字能源是未来城市能源利用的必然趋势。利用系统方法和数字技术创新未来能源发展模式，业务体系纵向整合，发展综合能源服务是城市能源体系的新动能。

3. 耦合与融合

能源互联网首先是能源网，将孤立规划建设的电、热、气、冷输送通道打包集成整合，基于先进的能量转换设备、存储装置和多能优化运行技术，实现多能源品类的高效转换、转化和梯级利用，连接能源生产、储运、应用和再生四环节而形成的综合能源网络系统，具有多能源类型、多能源品种、多输入与多输出的多能耦合系统。能源互联网是能源与信息的耦合，在能源系统生命周期中，实现信息和能量的耦合协同，通过信息通信技术支撑能源互联网的调控运行、能源交易、用户服务、数据价值利用等功能，为能源互联网的互联、互动提供保障的技术服务。能源互联网还将城市空间与能源系统紧密融合，空间规划与能源规划相互耦合，能源供应与能源需求互联互通，协同能源供需、转换空间与负荷，能源系统与城市空间融为一体，最大化提高能源使用效率。

4. 去中心与市场化

能源互联网下能源流将像信息流一样，可以在任何一个角落生产，通过互联网传输，不再只能依赖大型电厂的大规模能源中心，而可再生能源的应用，又使得每一幢建筑都可以变成一个能源供应中心，每一个用户既可以是消费者又能变成生产者，供给侧呈现去中心化，能源管理愈发扁平化。这些变化将进一步还原能源的商品属性和资源稀缺性，以及环境友好性，打破长期以来能源市场的垄断性，向着竞争性市场转变。

5. 全要素广域节能体系

能源的需求、供给分布于城市广域范围内，涉及城市发展的全部主体，包括经济、社会等全方面。因此，提高能效、降低负荷，利用可再生能源建立覆盖全领域、全要素的立体能源利用体系是未来能源规划的趋势。目前，城市内存在大量的未利用能源，即游离于化石能源、水电、核电等已作为商品进行销售的能源之外，目前还没有被利用（或销售）的所有能源，这些能源主要以热能为主，在城市内部广泛分布，由于温度和密度较低未被大规模利用。因此，用好现有能源资源的同时，充分考虑城市领域的未利用能源，做到应用尽用，节能最大化。

5.4 城镇能源共享综合利用体系构建

城市能源系统的革命是我国能源革命的关键，城市低碳化发展最终要体现在能源消费利用的终端。能源系统与环境、经济、社会的友好融合已成为现代社会发展的核心，构建以低碳绿色为方向、以资源共享为基础、以开放互动为桥梁、以柔性灵活为保障、以资源配置为最优、以社会福利最大为目标的群体共享能源利用体系是城市未来能源发展的方向。城市能源共享综合利用体系基本框架如图5-3 所示。

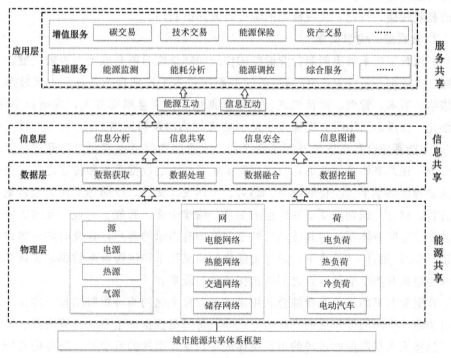

图 5-3 城市能源共享综合利用体系框架

城市能源综合利用体系包含能源共享、信息共享和服务共享。物理层是区域内源、网、荷等要素单元的能量传输、存储与转换过程，数据层是对物理层各类设备、运行过程数据的获取、处理、融合等，服务层则是将有价值的信息进行分析、共享等，进行深度描述并满足各类交易的需要。

1. 物理层：能源共享

群体共享的能源技术使分布式、间歇式、多样化的能源设备，更多能源物理实体，电力系统、天然气网络、交通系统、输油管网被纳入互联互通的物理层，能源流从供应侧到需求侧的单一传统能源网络模式、生产者与消费者之间的壁垒被打破。用户侧分布式能源的小容量、供给不连续和随机性等问题越来越多地可以通过网络广泛聚合、集中管理、共享平台实现不同发电资源的协同。电网与热网的耦合已经较为普遍，储能网络通过局域、微网也有了一定的基础，交通网络的共享连接尚处于探索中。据中国充电联盟公布数据统计，截至 2019 年 9 月，全国公共充电桩和私人充电桩总计保有量 111.5 万台，同比增长 67%，不论是作为调峰资源还是移动储能资源，交通网络必定是城市未来能源共享网络的核心部分。基于先进的能量转换设备、存储装置和多能优化运行技术，能源愈发具备信息的流通特性，任何合法主体都能够自由接入与分享，能源共享将实现多能源品类的高效转换、转化，实现能源的综合高效梯级利用。

2. 数据层：信息共享

利用数字技术解决能源行业面临的传统问题是能源革命成功与否的关键。互联网、大数据、云计算、5G 网络等这些新的技术手段和理念，将原本粗放单一的供给、需求、管理、运营模式，借助数据加工、信息捕捉方式，逐渐数字化、精细化，在虚拟网络世界里实现了能源物理网络向逻辑网络的抽象，即"数字孪生"，为能源综合利用发展开辟了新途径。能源层和信息层双向对等开放、互联和分享，在共享体系框架下，数字层除了履行基本的数据采集和传递之外，还要对从物理层共享平台获得的电力、热力、天然气、交通、存储等不同类型数据进行分析、融合、识别，提炼有价值的信息，构建全面、智能、专业、互动、安全的数字信息服务体系，将其传递给共享网络中有需求的客户，并及时响应客户的反馈，在"产销合一"情境下，通过智能化的信息技术和供需策略数据，实现信息流和能量流在各个能量节点之间的最优流动与配置。

在资源共享的城市能源综合利用模式下，扁平化的能源供需结构，能源主体通过信息共享网络以较低成本甚至零成本获得海量数据、信息、计算资源、知识等，这将大大提高能源市场的市场主体的参与度、市场的竞争性，交易的智能性和安全性。与此同时，分布式可再生能源的广泛使用及边际成本递减的特性，储能协同控制技术、区块链共享协议等将使可再生能源的利用最大化，并且能源可以像信息一样复制共享，真正实现由信息到能源的回流共享。

3. 应用层：服务共享

人类社会对化石能源的过度依赖使能源成为一种有限、集中式开发、单向输送的商品，集中式的能源管理体系导致行业具有了天然的垄断性和利益的独占性。然而，新能源技术和共享理念的发展与应用，各能源系统之间的壁垒逐渐消除，能源市场化成为必然所趋，能源产业由垄断模式正在逐步向市场竞争模式转变。在城市共享能源综合利用体系中，分布式设备的大量使用将促使能源市场愈加开放，市场主体所有权、运营权、收益权出现分离，价值重新分配。通过能源共享平台，市场主体构建适合自己的消费模式，在平台上实现双向交互，享受按需定制的能源产品和服务。这些服务包括了以能源使用为核心的基础服务和以能源价值为核心的增值服务。

以能源使用为核心的基础服务围绕供能、用能，以供需双向优化和能源效率提升为目标，具体包括：一是开展电、热、冷、气等多种能源供应服务，顺应交通电动化、氢动化、油动化、气动化混合发展趋势，实现用户更好的能源体验，提供更优质、可靠的能源；二是提供涵盖能源诊断、用能监测、设备维护的技术支持服务，对能源系统内各类设备的安全运转率、运维情况、关键设备无故障时间等角度诊断分析能源运行情况和故障处理；三是开展环保节能服务，以精准节能为核心，为区域内的用户提供节能设备、电能替代、多能管网等综合性节能改造服务，帮助终端用户节能降耗；四是综合能源服务，包括能源咨询、能源配置、能源调控、能源物业和储能等服务。

以能源价值为核心的增值服务注重为用户创造价值，以数字化应用为支撑，以客户需求为驱动，为用户提供量身定制的全方位服务，在模块化服务的同时，也具有个性和灵活性。客户需求驱动下的增值服务依托于服务的产品化和完全开放的竞争市场是综合数字技术与能源领域进行创新，业务体系的重新设计、价值导向至关重要。增值服务凸显了能源细分市场客户价值的驱动逻辑，每一种应用场景的市场规模可能并不大，但多业态的融合将可能成为新经济下企业发展的新动能。碳交易、绿币交易、用能权交易、能源保险、技术交易、资产交易、数据交易等服务，将形成以现货和期货交易相互支撑和耦合的二级市场体系及其他衍生交易市场。

能源使用服务是基础，能源共享降低了用户的综合用能成本，保障了共享的根本价值，也建立了用户的黏性；能源价值服务是创新，为用户最大化地提升了能源、非能源相关收益，使得各个主体处于价值共享的生态圈之中，推动了能源的普遍服务发展。新时代的城市能源体系是以明确能源的商品属性为前提，朝着清洁化、低碳化、数字化的方向发展，成为一个有效的能源系统，应该为所有人提供可持续、安全、可负担和可获得的能源。因此，在气候变化、经济活动、社会发展不确定性因素愈加凸显下，切实提高能源普遍服务水平，实现全民共享能源福利是构建安全、可持续城市能源体系的关键。

5.5 城镇能源共享综合利用体系数字孪生体

新型冠状病毒肺炎疫情的突发是对快速工业化、城市化过程中人类与自然和谐发展的考问，是对现代城市管理的考验，也是对处于不同行业和不同生命周期企业的一次严峻挑战。一方面，如何最大程度地实现经济的绿色清洁发展，能源系统的可持续与灵活性比以往任何时候都显得重要；另一方面，传统的商业模式、业务模式、运营模式迫切需要加以创新和发展。数字经济时代的到来为传统能源体系的突破赋予了新动能，未来城市能源系统会呈现多种能源供给与多种能源需求共存的状态，终端能源枢纽的构建，开放能源平台的推广，灵活能源市场机制的建立，共享互动的能源交易模式，逐步将随机的用能行为转化为可精确预测的能源系统的供需平衡，在构建基于共享发展理念的城市能源系统的同时，确保城镇能源安全。

与此同时，我们不得不注意到数字化技术对各领域的深度影响。企业要成为数字化企业，开发和生产出具备数字化特征的产品，这就需要企业利用数字化手段将企业内外部环境有效连接，变革从产品设计、开发、生产到服务的全过程，而这一过程的实现离不开数字孪生（digital twin）技术。城镇综合能源利用共享体系具有非常强的数字化特征，需要数字技术支撑各类能源共享要素的协同发展。2011 年，Michael Grieves 教授正式提出了数字孪生体的概念，指出利用采集到的物理设备数据，在虚拟空间构建一个可以表征这些物理设备的虚拟体，也就是物理设备的数字孪生体。数字孪生体最重要的作用在于及时反馈产品各生命周期阶段所可能出现的问题，以便于企业能及早发现问题、解决问题。数字孪生概念被提出后被广泛应用到各个领域，包括对物理设备实体的监测、对产品设计的仿真模拟、对产品生产过程的优化决策等。而随着物联网技术、人工智能技术以及虚拟现实技术的快速发展，更加快了数字孪生的应用范围，衍生出了数字孪生车间、数字孪生驱动、数字孪生生产线等多应用场景。2018 年雄安新区规划纲要中更是提出了打造具有深度学习能力、全球领先的数字城市，并明确提出了数字孪生城市这一概念，这意味着数字孪生应用领域逐渐扩大，物理城市与数字城市孪生可以并存，通过一一对应的精准映射，新的基础设施、空间形态、共享平台、城市发展模式将会出现。数字孪生是全方位、全生命周期的系统，因此，可以完全应用于能源系统。卢强院士在 2000 年就提出了数字电力系统的概念，以优化和实施经济运行策略。在传统电网数字化转型的过程中，由于组织、功能、架构的特点，使电网内部各系统、部门的数据信息处于完全独立与分散状态，形成了一个个"数据孤岛"。解决这一问题的关键是实现数据的融合与共享，然而，由于网内系统之间的功能差异性，使得数据呈现来源多样化，格式差异化、数据表达能力不足，没有统一的标准，融合的通道被阻断，很难实现共享利用，此时的数据是很难还原电网运行真实场景的。

城镇综合能源利用共享体系数字孪生体将基于智慧城市理念，将城市、建筑、能源叠加，构建起能够满足城市智慧管理、能源需求的数字共享体系，它是能源利用共享物理体系在数字、网络空间的整体映射，以满足更大的空间尺度、更极端的环境和更多未知情况的发生。目前，城市的数字孪生体是通过大数据的收集，在网络空间构建一个与物理世界相匹配的孪生城市，建立城市数字模型，让物理城市与数字城市实现实时交互，最终对城市治理进行最优化的决策。目前，城市数字孪生体的构建基础包括了交通可视化、智慧能源管理和建筑数字环境。交通数字应用场景通过对路况进行实时监控，分析道路拥堵情况及时疏导车辆，借助智能大屏、城市仪表盘、数字沙盘等形式，用一张孪生图全方位展示城市中交通综合运行态势，从而及时进行监测、管理、决策，达到车路最优协同。交通可视化作为城市数字孪生体的重要引擎，发展较为迅速，逐渐完善，但是作为城市数字孪生体的建筑数字环境的建立刚刚开始。建筑数字环境的构建是城市数字孪生体构建的底座，综合能源利用共享体系数字孪生体也将基于建筑物数字化模型的建立。建筑数字化是伴随着商业需求的不断升级而逐渐演化，一方面是建造成本的控制，衍生出了 BIM 技术，但其仅仅作为建筑行业的数字化技术而存在，并未实现真正的孪生；另一方面建筑空间运行成本对建筑物本身的智慧化管理提出了更高的要求，建筑内设施越来越多，单方成本投入越来越大，如何实施精细化管理、应对多场景设备管控，传统的管理模式已无法满足更高的空间运营管理需求。数字技术在建筑模拟管控中被较早应用，比如通过区域日照分析开展建筑物的能耗分析、节能分析等，然而，这些分析对建筑物未来的商业承载力显得并不是那么有价值。模拟结果具有一定的短期性和片面性，对真实物理世界的呈现是有限的。因此，建筑数字化环境的构建，抑或是建筑孪生体需求愈加强烈，"建筑＋数字"的双基因融合是数字化城市构建的基本保障。面向城镇能源综合利用共享孪生体的建筑环境必然是符合"孪生"的标准，通过使用远程通信技术、物联网传感器以及从现实世界收集数据、运用大数据、人工智能、云计算，机器学习和分析功能，在构建与城市相同的数字孪生体基础上，实现建筑数字副本可即时处理和综合静态，提高数字孪生体的准确性和动态性。至少包括以下内容：一是实现实体空间的数字化，即一个实体空间建筑对应一个一个虚拟空间建筑；二是满足虚实映射，通过安装在建筑物的传感器以及通信技术即时将物理实体状态反馈到虚拟空间建筑，并进一步通过对所收集、反馈的数据信息进行实体行为习惯的分析，进而及时调整能源资源的调配和使用，达到虚拟主体对物理实体的双向反馈。智能实现园区资源的优化配置；三是仿真预测，对建筑物的运行和控制通过数字孪生体开展仿真、预测与评价，提供及时有效的预警。

结合数字孪生的一般架构及综合能源利用共享体系的特征，我们认为城镇综合能源利用共享体系数字孪生体应包含以下几个部分，如图 5-4 所示。

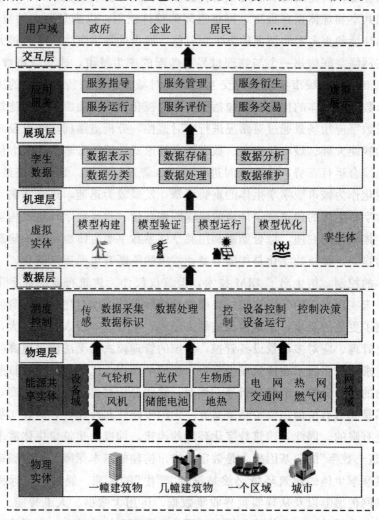

图 5-4　城镇能源共享综合利用数字孪生体框架

城镇能源共享综合利用数字孪生体基本框架的构建包含了物理层、数据层、机理层、展现层和交互层，实现从现实载体到虚拟空间的映射，再由映射模拟到现实决策的仿真与优化。一方面，数字孪生技术通过大数据采集和数字化模型构建，对物理世界进行精准映射，并对多源、多类型的数据进行可视化、可量化、可观化、可用化的有效展现；另一方面，利用采集到的大量数据突破物理空间固有的封闭，对能源生产、传输、分配和消费的全过程进行仿真和预测，并进行超前预测、评估和验证，开展能源应用服务的虚拟、仿真、现实的正向回馈，最终能够达到城镇能源体系实现由"建设－运行－优化－建设－运行－优化"的整体性闭环式建设，发挥数字孪生的无限潜力。

1. 物理层与数据层

城镇能源共享综合利用体系的物理层包含了两个方面：一是能源应用场景中的各物理实体，可能是一幢楼、一栋商业体、一个园区、一片住宅区、一所学校、一个城区、一座城市；另一方面是能源物理实体，它可能是一台汽轮机、生物质发电机、风机、光伏发电、储能电池，或是一个能源站、一座热电厂，等等，以及这些能源实体所依托的能源传输网络域。这些物理实体以及能源物理设备上都将安装相应的传感器，采集物理运行状态数据，并进行初步处理及标识，在进行运行监测的同时，可以同步实现对设备状态的控制与决策。常规的传感器在采集数据后的主要用途是进行物理系统的状态监测、安全防护等，但是数字孪生要求收集到的数据能够反映物理设备的全生命、全方位和全时空，可以理解为通过数据即能得到设备的数字画像。数据层是物理空间到虚拟空间映射的关键，因此，不同于传统的数据收集，孪生体的数据层需要完成从低级到高级的数据管理，包括了采集－清洗－规范－标注－处理的数据全流程动态分析，并实现高效率、大容量、实时的数据传输和快速计算与存储。

2. 机理层与展现层

传统的数字建模与仿真往往是一个独立单元建模仿真，城镇能源共享综合利用数字孪生则需要以数字为主线，基于模型与数据的双轮驱动，从系统角度出发，通过混合建模方法，从规划、设计、部署、运营、维护的整个流程，结合大数据、云计算、人工智能等技术对孪生模型进行迭代更新与优化，开展整体性、集成化构建，是充分包含了物料、能量、价值的数字孪生体，实现真实的虚拟映射。因此，在城镇能源共享综合利用体系数字孪生机理层，通过数字技术，对物理实体进行数字化、信息化模型的构建、验证，基于数据层的支撑，进行模型运行及优化完善。虚拟实体的构建是整体的而非局部的，是对能源共享实体的数字集成而非简单连接，利用 3R 技术，即 VR（虚拟现实）、AR（增强现实）、MR（混合现实）实现城镇能源系统的智慧化呈现，使物理现实与孪生深度融合为一体，表达真实的"孪生"。通过机理层模型运行，数据以应用服务为目标进行展现，实现实体到孪生体的高阶映射，更高效地反馈能源共享设备所蕴含的物理信息和运行价值信息。

3. 交互层

孪生的终极目标是快速、直观映射实体，并进行动态、实时交互。这种交互包含了三个方面：一是虚拟实体与物理实体之间的交互，只有实现即时交互才能真正做到孪生与映射；二是用户与应用服务之间的交互，这种交互更多的是一种表达，即需求的表达，将用户需求传递于孪生体的机理层、数据层；三是用户与物理实体的交互，这种交互寓于前两种交互之中，实现能源共享有底至上、由上至下的供需交互，实现能源物理系统与虚拟孪生体的共享智慧、共享空间、共享网络，以及协同共生的进化状态。三层交互让城镇能源共享综合利用数字孪生运行具有更广阔的内涵、持续改善的系统价值、创新有活力的能源市场以及新的能源商业环境。城镇能源共享综合利用体系一定是深耕能源数字化，建立全生命周期数字化价值链，以孪生体还原真实场景，解决传统能源数字化所存在的数据表达能力不足、缺乏交互等问题。

第6章 城镇能源综合利用体系价值共创模式与机制

我国提出 2060 年前实现碳中和，这对我国能源清洁低碳转型发展提出了新要求，使中国能源革命有了更明确的时间表。高效的能源系统将使区域空间、社会、经济、交通和生态系统的构建与能源循环的最优化过程相一致。经济发展与社会结构决定了城镇能源形态呈现出明显的层次性、复杂性、多样性和不确定性，信息技术的发展又加快了能源物理系统与信息系统的耦合。城镇综合能源利用共享体系以源、网、荷、储、用户等要素的协同与互联形式为载体，通过互联互动、数字赋能，实现多种能源的相互转化和用能的优化配置。能源呈现出集约化、扁平化、网络化发展态势，共享体系将改变传统业态模式，成为助力碳中和目标实现的有效方式。

价值共创思想最早可追溯到 19 世纪，随后出现了不同的理论流派，衍生出了基于消费者体验和服务主导的不同侧重的价值共创理论。进入 21 世纪，经济发展的服务化特征和网络化特征愈加明显，几个世纪以来的链式商业关系逐渐转向了网状生态共创关系。不同的参与者在感知、响应以及自身价值主张的基础上，利用制度、技术及语言为实现共同生产、服务提供以及共同创造价值等目的而进行互动的松散耦合的时空结构构成了服务生态系统。生态系统内价值参与主体的类型越来越多元化，从传统单一竞争关系转向了以竞争合作的共生关系，科学有效的协调机制和合理的收益分配机制是系统可持续发展的保障。大量网络社群组织的存在，使主要依靠企业创造价值的传统营销手段进一步转变为以消费者、集体创新和网络成员三方深度参与、共赢的基于价值共创的现代营销方式。在移动互联 2.0 模式创新和工业 4.0 模式的推动下，这个时代的创新愈发具有了民主性、协同性和开放性。结合不同产业发展特征与阶段，学者进行了更加具体的价值共创机制研究。陈衍泰等基于中国电动机车的发展探讨了创新生态的价值创造和获取机制。[1] 马永开等指出构建工业互联网生态系统的紧迫性，提出"三联"价值共创模式。[2] 魏津瑜、李翔从工业互联网角度出发，探讨了装备制造企业价值共创的过程，提出了制造资源需求方、制造资源提供方与工业互联网平台三者的价值共创过程。[3] 谢洪明等探究了"价值共创＋网络效应"的作用机制，指出价值共创是平台生态系统发展的直接动力，网络效应是平台生态系统发展的根本动力。[4]乔晗等人指出服务化、可持续和数字化是平台生态系统与价值共创的核心。[5]目前，关于能源生态系统价值共创模式与机制的探讨较为少见，而传统经济背景下的价值共创机制也将会在共享经济背景下发生改变。

6.1 面向能源共享的区域能源互联网

能源互联网的核心价值是互联共享，能源可以像互联网信息共享那样，实现能源领域的开放共享与交换共享，通过共享可以将闲置的能源重新分配，提高能源资源的利用率，使资源配置实现帕累托状态。城镇能源综合利用体现的落地载体必然是区域能源互联网，作为能源共享的载体，它将各类能源设备和负荷资源通过互联实现聚合与优化配置，能源互联网的不断发展就是能源行业各类型资源共享演化的过程。能源互联网是传统能源集散型模式向互联、共享方式发展转变的结果。城市的能源需求类型和需求负荷趋于多样化，能源消耗排放的不确定性增强，对能源的集成利用、综合利用和清洁利用要求愈加强烈。区域能源互联网（regional energy internet，REI），耦合了物质、能量和信息，拥有无形网络和有形网络，前者由能量流与信息流构成，后者则由嵌入区域的能源站、储能中心、输配管网、充电站和负荷中心等组成。区域能源互联网的一般层级如图 6-1 所示。

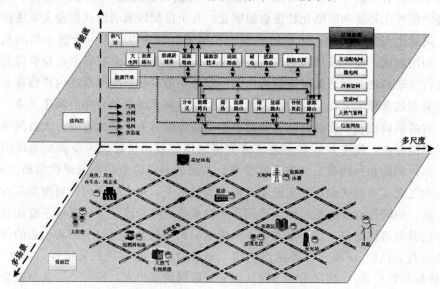

图 6-1　区域能源互联网层级示意图

随着我国经济发展质量的提高、人口城镇化比例进一步提高，城市能源需求受到人口、产业、空间、交通等因素的影响将更加深入，能源消费需求呈现出新变化。在碳达峰与碳中和双目标驱动下，去煤化、电气化、绿色建筑、智能生产与服务将成为区域能源消费的新趋势，能源互联网将成为区域能源利用体系的载体，它是以资源共享为基础、以开放互动为桥梁、以柔性灵活为保障、以资源配置为最优、以社会福利最大为目标的群体共享能源利用体系，并呈现开放与共享、数字与智能、耦合与融合、去中心与市场化并存的全要素广域节能体系。城市能源共享综合利用体系层级框架如图 6-2 所示。

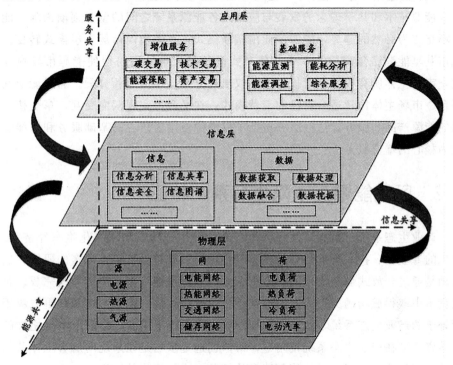

图 6-2 区域能源共享体系框架

群体共享的能源技术使分布式、间歇式、多样化的能源设备，更多能源物理实体，电力系统、天然气网络、交通系统、输油管网被纳入互联互通的物理层，能源流从供应侧到需求侧的单一传统能源网络模式、生产者与消费者之间的壁垒被打破。电网与热网的耦合已经较为普遍，储能网络也有了一定的基础，交通网络的共享连接尚处于探索中。基于先进的能量转换设备、存储装置和多能优化运行技术，能源愈发具备信息的流通特性，任何合法主体都能够自由接入与分享，能源共享将实现多能源品类的高效转换，实现能源的综合高效梯级利用。

借助大数据、云计算、5G 网络等新技术和新理念，原本粗放单一的能源供需、管理及运营逐渐数字化、精细化，在虚拟网络世界里实现了能源物理网络向逻辑网络的抽象，即数字孪生，为能源综合利用发展开辟了新途径。能源层和信息层双向对等开放、互联和分享，在共享体系框架下，数字层除了履行基本的数据采集和传输之外，还要对从物理层共享平台获得的电力、热力、天然气、交通、存储等不同类型数据进行分析、融合、识别，提炼有价值的信息，构建全面、智能、专业、互动、安全的数字信息服务体系，将其传递给共享网络中有需求的客户，并及时响应客户的反馈。在"产销合一"情境下，通过智能化的信息技术和供需策略数据，实现信息流和能量流在各个能量节点之间的最优流动与配置。

能源技术和共享理念的发展与应用，各能源系统之间的壁垒逐渐消除，能源市场化成为必然的趋势，能源产业由垄断模式正在逐步向市场竞争模式转变。在城市共享能源综合利用体系中，分布式设备的大量使用将促使能源市场愈加开放，市场主体所有权、运营权、收益权出现分离，价值重新分配。通过能源共享平台，市场主体构建适合自己的消费模式，在平台上实现双向交互，享受按需定制的能源产品和服务。这些服务包括了以能源使用为核心的基础服务和以能源价值为核心的增值服务。

6.2　区域能源互联网生态系统特征

产业生态系统是具有高效经济过程及和谐生态功能的网络化生态经济系统。知识的专业化、技术研发的分散化和网络化的发展趋势下越来越多的研发、创新活动是通过开放式创新实现的，即由企业（产业）内部与外部协作共同完成。企业在竞争中取得成功的关键因素不仅在于企业自身的核心能力和资源，更取决于其所处于的产业生态系统，这是因为在产业生态系统下企业可以获取自身之外的互补性资产。在产业生态系统视角下，价值创造更多的是在系统内所有主体共同创造的过程，这个过程也是价值创造和价值获取协作演化的过程。

6.2.1　区域能源互联网生态系统

技术和模式的不断演进是能源互联网发展的重要动力。风、光、储等单向能源技术的突破，ICT、物联网、大数据、云计算等互联网技术的进步，以及社会发展方式的转变，改变了能源产业结构与行业组织方式，催生出大量新兴的产业机会和经济增长点。能源互联网的发展，正在经历着以技术支撑下能源为主的初级阶段向以模式创新引领下服务为主的中高级阶段过渡，是能源供应、消费与服务的高度融合，产业环境与产业群落愈加多元化。区域能源互联网的基础业务流程是通过能源输送网络、信息物理系统、综合能效服务网络以及信息和增值服务，实现能源流、信息流、价值流在产业生态系统内的双向流通与互动。能源使用服务是基础，能源共享降低了用户的综合用能成本，保障了共享的根本价值，也建立了用户的黏性；能源价值服务是创新，为用户最大化提升了能源、非能源相关收益，使得各个主体处于价值共享的生态圈之中，推动了能源的普遍服务发展。因此，在气候变化、经济活动、社会发展不确定性因素愈加凸显下，区域能源互联网必然是以明确能源的商品属性为前提，朝着清洁化、低碳化、数字化、多元化的方向发展，成为一个具有价值创造和价值获取动态协作、高效的生态系统。区域能源互联网产业生态架构如图 6-3 所示。

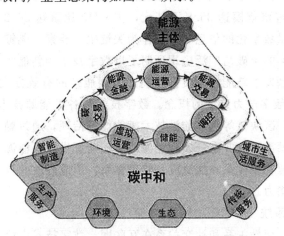

图 6-3　区域能源互联网产业生态系统

新型冠状病毒肺炎疫情的突发是对快速工业化、城市化过程中人类与自然和谐发展的考问，是对现代城市管理的考验，也是对处于不同行业和不同生命周期企业的一次严峻挑战。一方面，如何最大程度地实现经济的绿色清洁发展，能源系统的可持续与灵活性比以往任何时候都显得重要；另一方面，传统的商业模式、业务模式、运营模式迫切需要加以创新和发展。数字经济时代的到来为传统能源体系的突破赋予了新动能，未来城市能源系统会呈现多种能源供给与多种能源需求共存的状态，终端能源枢纽的构建、开放能源平台的推广、灵活能源市场机制的建立、共享互动的能源交易模式，逐步将随机的用能行为转化为可精确预测的能源系统的供需平衡，在构建基于共享发展理念的城市能源系统的同时，确保城镇能源安全。

6.2.2　区域能源互联网生态系统特征

1. 开放式创新系统

开放式创新生态系统被界定为拥有共同文化的系统成员或利益相关者大量实施

开放式创新活动的系统。[21]第四次工业革命所引发的创新革命，将使创新主体更加多元化，产业生态系统内跨组织边界的物质流、知识流和信息流的联结与传导更加积极，也更加频繁，共享机制下的资源价值与收益、责任与风险清晰明确，面对创新环境的不断变化，竞争与合作成为系统内的常态。REI 生态系统内包含源、网、荷在内的多元化主体，物理、数据、价值组成的多层创新体系，能源、信息、服务构成的多样化共享资源和多渠道收益都将促进系统的开放性和创新能力。

2. 数字赋能系统

我国已提出"数字底座"发展理念赋能数字经济、推动产业升级。据统计，2019 年中国数字经济规模达 35.8 万亿元，占 GDP 比重达 36.2%。经济社会是动态循环系统，以数字化的信息和知识作为关键生产要素，能够进一步增强系统灵活性。信息技术的突破与广泛应用证明了以数字技术为新能源产业赋能，搭建产业新生态圈，是发展新能源、突破新能源发展瓶颈的有效方式。卢强院士[1]在2000 年就提出了数字电力系统的概念。数字技术与各类能源技术发生广泛连接，大数据、云计算、区块链等数字前沿技术赋能能源治理，通过融合治理、态势感知、预测预警、供需精准匹配等实现能源需求、能源供应、能源交易、能源安全为一体的综合能源利用体系和能源应急管理体系，形成开放共赢的能源生态，提升现代能源治理能力。

3. 多层联动系统

人类社会中的交易关系和社交关系在互联网、数字技术广泛普及影响下出现了明显的在线化特征，这使得在传统经济系统中处于游离状态、大量未被充分使用的资源具有了释放潜力、发挥价值的可能性。Teece 等（1997）认为企业要在复杂多变的外部环境中维持竞争优势，就要具备"整合、建立和调动内外部资源和一切能力的能力"。信息技术的发展启发了人们的个性化意识，使市场需求越来越多样和灵活，与此同时，数字技术为高效、低成本整合分散资源提供了可能性，供需之间相互正反馈。数字赋能下的区域能源互联网动态能力增强，物理、信息、服务共享体系，通过网络层级紧密联系，大量创新行为被激发，系统在动态能力的作用下实现充分的价值创新。

4. 耦合与共生系统

分布式能源技术的发展促进了冷、热、电等能源物理系统的耦合，REI 通过信息与能源的融合，实现了"源－网－荷－储"的协同与自组织、自适应，信息与能源的深度耦合进一步提高了能源系统的安全可靠性和柔性灵活度，能源系统实

1　卢强. 数字电力系统（DPS）[J]. 电力系统自动化，2000，24(9)：1-4.

现了由依托型到平等型再到混合型耦合模式的过度。混合型耦合是一种复杂的组织结构网络，网内所有资源，包括物质、信息、技术、资金，以及那些可能存在的未被利用资源之间形成合作与竞争的关系，不仅保障着网络结构的运行，也引导着网络结构的发展方向，同时激励着网络结构的信息、物质元素的互助共生。耦合共生性打破了原有资源体系的界限，在供需之间、行业之间、企业之间重新构建了信息流、能量流、价值流的流向，REI 资源共享体系实现了资源的最优化配置和综合利用。

6.2.3　共享与互联对区域能源生态系统价值共创的影响

"互联网＋"的新生态就是依托新一代信息技术，实现数字世界与物理世界的互动，连接、开放、智能、敏捷、利他等数字经济属性将直接影响物理世界的价值形成。REI 在实现能源物理世界与信息世界互联互通的过程中实现了资源的共享过程，进而改变了整个能源生态系统的价值共创，如图 6-4 所示。

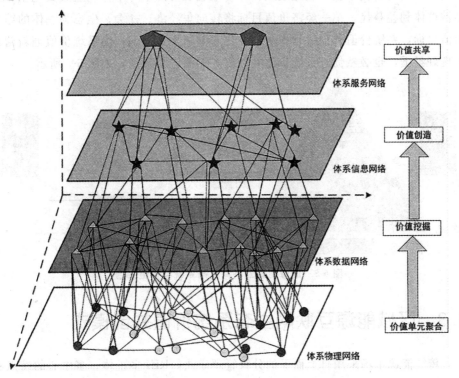

图 6-4　共享与互联对 REI 生态系统价值共创的影响

如果说资源是价值共创的基础，那么技术一定是实现资源交换和价值共同创造的核心手段。新一代信息技术的智能分析辅助使原本僵化的能源系统具备了柔性活力，供需精准匹配是系统灵活动态和开展价值提升的保障。各种数字化平台的建立、信息技术的使用使得区域能源生态系统参与主体的身份发生了变化。一方面，系统内各主体的角色不再单一化，产销融合成为系统内的典型角色，更多的利益相关者可能兼顾多个身份，数字化的连接方式使其建立了良好的互动协作关系，系统参与者更加注重优势能力的互相转化，在此基础上，利益相关者的信任度与默契度提升，为系统价值共创激发了活力。另一方面，"互联网＋"改变了物理主体唯一的传统，虚拟电厂、云服务商等数字主体被创造出来，它们可以是发起者，也可以是参与者，价值创新的主体愈加多元化，全主体、全渠道、全生命周期的价值创新成为可能。系统核心价值的确定与价值主体的变化也改变了REI生态系统的价值目标。在单一利益主体模式下，系统内各参与方按照自己的利益准则制定价值目标，获取经济利益，然而，在价值主体的多元化和多身份转化下，单一价值目标逐渐被多元化和系统整体价值目标所取代。与此同时，系统将出现明显的替代效应和收益效应，即传统意义上的单一个体利益最大化主张逐渐被群体利益替代，单一经济价值目标将转向集经济、社会、生态为一体的综合价值目标，系统价值共创过程中的理性化和共赢生态显现，为系统价值创新营造了良好氛围，也必然促进系统价值共创模式的演进与发展，如图6-5所示。

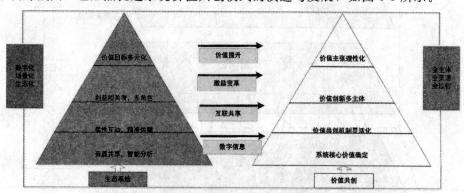

图6-5　区域能源互联网生态系统与价值共创

6.3　区域能源互联网生态系统价值共创模式

传统能源市场采用自上而下的分级管理模式，REI多主体、多中心的特点将催生自下而上的扁平化市场结构，要实现能源互联网生态系统价值创造的最大化和最合理的分配，则需要适宜的商业模式设计。共同生产和使用价值是工业互联网价值共创模式构建的关键要素，共同生产强调协同创造价值，而价值是在使用过程中实现的。REI 的价值提升基础是能源系统的互联和数据信息的共享，追溯能源互联网的发展过程，从生态系统价值共创的主导者、价值主张、参与者的影响力、价值实现方式、价值目标、价值推进机制等出发，区域能源互联网的价值共创可以具体分为 4 种模式，如图 6-6 所示。

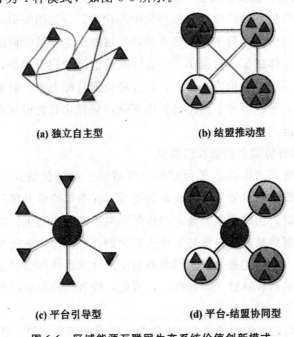

(a) 独立自主型　　　　　　　　(b) 结盟推动型

(c) 平台引导型　　　　　　　　(d) 平台-结盟协同型

图 6-6　区域能源互联网生态系统价值创新模式

1. 独立自主型价值共创模式

在 REI 生态系统中，独立自主型价值共创模式是一种典型的能源去中心化类型下的模式，如图 6-6(a)所示。分布式能源设备的广泛使用，使传统具有单一身份的能源消费者转变为了同时具有生产与消费双重或多重身份的能源产消者。大量具有能源交易参与资格的产消一体者互联互通，直接进行点对点的商业交易。在缺少中心化的情况下，参与主体的影响力可能会与负荷需求、能源设备容量等因素相关，各主体以经济价值最大化为唯一决策原则。

2. 结盟推动型价值共创模式

区域功能差异使能源系统内主体可能拥有不同的能源品种需求、不同类型的能源设备，而主体的互联网共生激活了具有普遍性、多样性和长效性的社交关系，这种社交关系将对主体的负荷曲线、购能成本和交易决策产生一定的影响，基于利益最大化或用能成本支出最小化或其他价值目标，主体之间实现结盟，系统内的分散价值创造模式被结盟社群取而代之，如图 6-6(b)所示。在结盟推动型模式下，价值主张以互利共赢为主，群体综合利益最大化为社群寻求的价值目标，因此个体参与者对系统力影响小，但是在社群关系的激励与协同中，REI生态系统价值共创模式的演进能力与发展意愿十分强劲。

3. 平台引导型价值共创模式

平台引导型价值共创模式具有典型的中心化特征，如图6-6(c)所示。在该模式下，存在统一的价值运营平台，负责管理区域能源生态系统内的一切价值创造活动，其他参与主体的影响力很小，平台注重价值活动的可接受，能够满足参与主体的能源价值需求，在价值主张上，以经济价值目标为主，但也会兼顾到其他社会价值。然而，平台引导下的激励作用不强，集权化的价值共创机制不利于价值共创演进发展能力的提升。

4. 平台-结盟协同型价值共创模式

平台-结盟协同型模式是平台型和结盟型的一种演化模式，如图6-6(d)所示。区域能源互联网内价值主体存在显著差异，在参与价值共创过程中，受到技术能力、市场资源、信息获取、智能分析等因素影响，参与主体之间根据一定的结盟原则，自发聚集结盟，再参与系统价值共创，平台作为系统中心参与价值共创。在该模式下，价值主张也以互利共赢为主，寻求群体综合利益的最大化，价值推进又取决于平台和社群之间的博弈，因此，价值共创的演进发展能力具有不确定性。

四种模式的特征总结见表6-1。随着数字技术的不断成熟，能源互联共享使企业在价值创造和价值提供上越来越多地嵌入并依赖于互联网生态系统。这意味着生态系统本身是可以激发出单个参与者无法独立实现的价值增量。生态系统内每个参与者都可以成为依赖资源和服务的供方、需方和输送方，数字技术加速解决了信息不对称和数据透明性问题，实现了利益相关者诉求的相互融通，生态系统中的任何利益相关者可以更高效率地调整、协调和整合资源，并与其他主体互利合作，共同创造价值的需求。这也表明随着更多技术的发展与推广，区域能源互联网的价值共创模式还将可能被颠覆、创新与演化。

表6-1 区域能源互联网价值共创典型模式

类型	去中心化		中心化	
共创模式	独立自主型	结盟推动型	平台引导型	平台-结盟协同型
发起主体	产消主体	结盟社群	平台中心	平台中心与结盟社群

续表

类型	去中心化		中心化	
参与者影响力	不确定	小	小	不确定
价值主张	个体利益最大化	注重互利共赢	注重可接受性	注重互利共赢
价值目标	经济价值最大化（唯一）	群体综合价值最大化	经济价值最大化（不唯一）	群体综合价值最大化
价值推进机制	分散民主化	内部激励与协同	单一集权化	多方博弈
系统演进发展能力	较强	强	一般	不确定

6.4　区域能源互联网生态系统价值共创机制

价值共创机制覆盖了价值创造的全过程活动，包括价值主张、价值生产、价值传递和价值获取四个基本活动。价值主张是网内参与主体的定位、对各种便捷能源消费产品的需求、用户分类和相应的能源消费品设计；价值生产是网内各参与主体、技术与人才的交流平台，金融与能源综合服务的平台；价值传递包含能源互联网中的用户需求响应、大数据服务等；价值获取包括差异化的能源产品分类与定价、灵活的能源产品结算方式等。REI 生态系统价值共创机制包括价值创造机制和价值分享机制。创造机制包括资源聚合协调机制、决策机制和激励机制；分享机制包括市场机制和风险控制机制。

6.4.1　价值创造机制

1. 聚合与协调机制

REI 的价值首先源于网内资源的聚合。不同于传统电网以调度、生产、营销为目的对设备、客户、网络三类资源的聚合，区域能源互联网的资源聚合将根据区域环境，通过一定的数字技术手段将大量分散资源整合为一个可调节量大、可多元调控的聚合体，从而有利于资源的高效利用。资源类型多是 REI 生态系统的重要特征，按照网络结构，资源类型可划分为集合能源生产、转换、储存、传输及消费的物理层聚合；通过智能化的微传感器对物理层资源进行精确测量和态势感知，实现系统的数字信息聚合；服务层聚合是以能源使用为核心的基础服务和以能源价值提升为拓展的增值服务。在 REI 价值共创的四种典型模式中，中心化模式的资源聚合能力要强于去中心化模式，而平台－结盟协同型的聚合能力则强于平台引导型，去中心化的独立自主型模式的资源发起与聚合能力又弱于结盟推动型。在 REI 聚合资源的过程中渗透着各方之间的相互协调能力，影响着系统的价值创造进程。对于具有"互联网＋"性质的 REI 创新生态系统来说，一方面创新生态系统自身作为市场主体与行业监管、公共部门之间以降低创新成本、完善创新管理、提高创新绩效为目的开展的相互协调；另一方面创新生态系统内部各参与主体间以资源的合理组织、分配、共享为目的的协调行为。聚合与协调的过程实质上是 REI 创新生态系统结构重塑的过程，是实现创新生态系统更加合理和均衡的过程，从而最终满足系统本身及其参与者在价值共创中发挥积极的创新作用并可以从参与过程中获得一些好处。

在创新生态系统中，收益、成本以及风险是影响聚合以及协调机制作用的主要因素，降低系统成本、获得超额收益、降低创新风险是系统不断开展创新行为与加强协调的最大动力。因此，降低市场集中度、增强参与方之间的契合度、减少信息不对称、增强知识信息的共享性，在融入与耦合中激发创新热情，才能在 REI 中催生出多元的价值共创行为。

2. 决策机制

数字经济发展下的个性化需求日益提升，单一主体引导的价值共创已经很难满足各利益相关者的需求，价值共创由多元主体共同发起已然成为发展趋势。REI 四种发展模式实际上对应着其不同的发展阶段，以及其在不同区域市场力下的差异化决策表现，科学合理的决策机制是创新生态系统价值共创平稳开展的基础。"互联网＋"与共享机制使民主化决策成为价值共创决策机制的驱动力，集中、分散或平衡的决策机制依赖于生态系统的基本结构和其发展的成熟度。平台引导型模式作为接近传统能源运行的 REI 机制，表现出创新生态系统的初期特征，价值目标、组织方式、合作机制等虽不明确，但该模式下核心企业针对能源市场痛点发起价值主张，采取集中单一的决策机制，有利于新兴市场的初步建立，并落实政策及规则。

去中心化的独立自主模式采取完全分散的决策机制，该模式下的共创过程充满民主化氛围，随着更多的产销主体参与创新生态系统，创新权力也会不断重新分配，这有利于打破传统僵化的系统组织结构，充分激发参与主体的创新自觉性和能动性，但过于分散的决策机制会造成系统资源的浪费，创新产品质量难以保证，可能会出现投机、违规、参与方权力过大等问题，给 REI 创新生态系统价值创造产生负面影响。

结盟推动型和平台－结盟协同型具有相对较为稳定的创新生态系统结构，由社群或平台-社群发起的价值共创是基于一定的个性化与互补性需求发起的共创行为，资源聚合具有更强的针对性和公开性。创新主体之间默契度高，协作度好，在这种互惠的价值主张下，REI 价值共创过程具有"干中学"效应，生态能力不断演化，采取平衡的决策机制有利于生态系统的可持续健康发展。平衡决策机制下 REI 创新生态系统的价值共创任务从激发用户创新热情、参与意愿演化为实现可持续稳定的创新环境和循序渐进的创新进程，社群内的分散授权与结盟下的集中决策，实现了系统的双向平衡，既避免了单一的集权，又促进了民主化决策，维护了良好的创新生态环境。

3. 激励机制

数字技术的发展让 C2C 成为未来市场的关键交易方式。在常规能源体系下，能源交易主要以 B2C、B2B 方式开展，分布式能源、能源互联网的发展使"产销一体化"成为现代能源体系的重要特征，能源交易的 C2C 模式发展步伐加快。科学合理的激励机制是能源 C2C 模式可持续运营的重要保障。一方面不论是中心化还是去中心化下的典型模式，都是对传统能源市场价值创造的颠覆与变革，存在一定的不确定性和风险性，这需要有系统外部力量的激励措施或赋予参与者更大的选择权，激活创新生态系统，激发创新主体的创新意识与参与度；另一方面，能源商品的特殊性决定了能源交易行为可能会产生不同程度的负外部效应（例如，污染物的排放），传统能源体系下的集中调度方式，通过控制能源消费与供给来减少这种效应，但是在 C2C 模式下，用户决策将完全基于市场自由进行，能源消费与节能减排的目标会受到一定的影响。因此，需要在创新生态系统内部制定科学合理、具有引导性的手段与措施，使主体决策在注重经济效应的同时，兼顾环保效应。在"30·60"双碳目标引导下，完善能源消费双控制度，通过能源互联网和碳交易市场协同对接，共享技术、政策和商业模式，构建一个能源和环境权益类交易价值链完备的创新生态系统。

6.4.2　价值分享机制

1. 市场机制

传统的商业价值链被平等、开放、协作、分享的互联网精神所颠覆和重构，市场壁垒因此被打破，价值创造活动的实现逐渐由单个企业本身的价值链活动转向各主体之间的价值网络合作。能源互联网带来的最大变化是能源市场中的信息流动和价值潜力的释放，区域能源互联网的商业模式将是以信息技术为基础，产销主体间的互相渗透、竞争与合作，从而构成商业新模式的上层建筑。

一个产品的市场机制主要包括产品设计和定价机制，定价机制的设计侧重报价、出清及结算等规则的确定。行政、计划、协商是传统能源市场交易价格确定的主要方式。近年来，在电力市场改革中成本加成定价、系统边际价格、分区边际价格等不同定价机制逐渐被采用。REI 呈现出的市场主体多元化、能源品类多样化、数字信息智能化、能源价值服务化等特征，促进了能源替代和共享，需求侧的灵活性提高，这就要求具有能够反映市场供需关系，具有灵活性、科学性的定价和结算方式，特别是在电能替代充分、竞争性充足的市场采用即时性竞争定价，能够有效提升资源配置效率。随着市场观念、节能意识的加强和 REI 创新生态系统耦合能力的提升，灵活的能源选择权将使能源需求弹性进一步增强，能源产品将成为一种资产，利用数字技术将其转化为智能合约，并提升参与者的议价能力，进而实现供需方在线竞价或反向拍卖等。智能合约的出现将降低经济学中传统市场因讨价还价和市场搜寻而导致的高昂交易成本。

REI 创新生态系统的良性发展还取决于利益分享机制的公平性与效率性。创新系统是一种具有契约性质的组织，兼顾公平与效率的利益分配机制使 REI 主体利益得到保障，满意度高，才能有利于整个创新生态系统的良性发展。能源共享是 REI 系统的基础，数据、信息、服务共享是系统创新的关键，而区块链技术可以实现真正的共享，即信息创造和治理的共享。REI 创新生态系统与区块链技术结合，能够形成一种新的市场机制，这被称为数字经济的"谷物市场"。区块链所发挥的作用在于实现情境定价，即根据不同情境，识别系统内每个节点上的信用和风险，进而对产品与服务分别加以估价。情境定价接近于"一级价格歧视"，一物一价使消费者剩余全部被获取，特别是区块链解决了电能同质下可能存在的恶性竞争问题，有利于电力产品的差异化、售电信息透明化和售电规则的公开化。[27]

2. 风险控制机制

创新生态系统中的创新主体间信任关系以及信任程度直接影响着其价值共创行为。信任是社会网络关系发展的伴随物，社交互信是最早的互联网信任机制，平台认证是当下最流行的信任机制。在数字经济的持续渗透和产业互联兴起的推动下，建立有效的信任机制，防范数据、信息共享可能引发的市场风险是 REI 创新生态系统不可忽视的问题。

第一，经济学中"理性经济人"的假设在现实市场中并不适用，而"账外薪水"的存在使利润最大化的目标也并不唯一，因此，REI 创新系统内主体的理性需要得到保障。然而，能源行业尚未建立征信体系，如何建立主体间的信任关系成为防范风险的第一步。REI 的信任机制将不再聚焦互联网本身，应当基于共享情境，通过能源信息的画像、整理、流动，实现数据信息循序渐进式反馈和积累，并发挥区块链技术的优势，促进信任机制的确立。此外，政府与行业相关监督部门通过完善能源法规条文、交易规范等降低创新系统外部风险。

第二，信息的采集、传输、分析和共享为 REI 创新生态系统提供决策支持，因此，数据的真实性和信息的安全性成为科学、合理决策的重要保障。一方面，REI 要构建数据分享机制，提升系统内主体信息的透明度，保障共享信息的有效性；另一方面，设置信息服务第三方，实现信息的可溯源、可定制等供需服务，提升信息品质，防范信息失真引发的系统风险。

区域能源互联网是"十四五"规划新发展理念在能源产业的体现，是数字经济趋势下能源多维价值创造的实践，充分挖掘和激发能源互联网产业生态价值创造能力，构建具有多元融合、高弹性、竞争性特征的城镇能源综合利用网络体系对"30·60"目标的实现将发挥积极作用。

第 7 章 城镇能源综合利用共享体系关键支撑技术

城镇能源综合利用共享体系构建涉及的关键技术可以划分为三个层次，即能源技术体系、信息技术体系和服务技术体系。

7.1 能源技术体系

能源是城镇能源综合利用共享体系的主体，而能源结构转型、能源生产和消费革命的推进都离不开技术的支持。因此，能源技术体系是城镇能源综合利用体系的保障基础。按照城镇能源综合利用共享体系框架，能源技术体系可进一步划分为三类底层支撑技术，即供能、配送、储能。

7.1.1 供能技术

能够满足热、电、冷、气等需求的能源都可以称之为供能技术，在城镇能源综合利用共享体系中主要指各类分布式能源。分布式能源与传统的集中式、大规模能源供应模式相对，指小规模、分散式的多种能源，其中相当一部分是分布在用户侧的可再生能源。其能源形式包括气体燃料、可再生能源等一次能源和以此为基础生产加工出的电、热、气等二次能源。其基础技术有发电技术、供热和制冷技术及气体燃料的优化利用技术，主要包括气体燃料发电、太阳能发电、太阳热发电、风能发电、生物质能发电及热电联产、冷热电联产等。

7.1.1.1 技术背景

分布式能源作为能源互联网的基础，具有高分散、多类型、广地域等特征，以"就地取材，就地消纳，因地制宜"为能源利用的基本原则，这充分符合我国绿色能源、共享能源的新发展理念。因此，在能源转型、能源生产和消费革命中，分布式能源将成为主要的能源供应载体。

城镇能源综合利用共享体系的两条主线分别是城镇和共享。城镇作为我国人口的高聚集地区，是我国经济和社会发展的命脉。能源作为城镇建设和发展的基础，一是要满足人民生活的需要，二是要满足生产供给的需要。因此，城镇能源发展的方向必须要贯彻"以人民为中心"的思想。能源共享意味着能源的共产、共用和共治，传统的能源集中供给模式将被打破，所有的能源用户都可能变成能源的生产商和消费者，能源的供应和需求将朝网状拓扑结构方向发展。

7.1.1.2　技术要求

在分布式能源与能源发展理念高度契合的技术背景下，构建城镇能源综合利用共享体系对供能技术提出了新的要求。

1. 提高能源利用效率

① 开发分布式小规模能源

我国分布着大量小规模能源，以城镇周边的农村地区为例，小型水电、小型风电、沼气发电和秸秆发电等发电能源都有待开发，城镇内部也隐藏着大量屋顶光伏发电资源尚未得到利用，能源在很大程度上被浪费。我国传统的能源利用方式大多着眼于集中式、大规模的能源，能量供应形式也局限于垂直集成、单向固定，满足城镇共享理念的供能技术必须实现对用户侧能源的开发和利用。

② 实现能源的深度和优化利用

提高能效意味着实现能源的深度利用，能源梯级利用、多能互补等技术的应用可以优化产能过程，减少能源出力的浪费。能量梯级利用的典型形式有余热和余压的再利用，高质能源在进行发电或工业生产后，产生的多余热能和压力可用于对能量要求低的其他行业，如住宅供热等。既可以减少污染排放、降低能源消耗、提高能效，又可以避免余能浪费。可再生能源出力囿于自然因素的限制，具有较强的波动性和间歇性，如太阳能光伏发电容易受到光照条件的影响，风力发电的输出受制于风力大小等。多能互补可以将风能、太阳能、生物质能等分布式能源进行优化组合，通过技术结合实现能量的灵活调节和调度，实现负荷峰谷调节，提高用户侧的用能体验。

2. 减少碳排放

① 提高绿色能源占比

分布式能源以可再生能源和气体燃料为主，包括风能、太阳能、生物质能、地热能和天然气等，具有清洁低碳的特点，能够在一定程度上对我国能源结构调整、污染排放治理起到积极作用。分布式发电技术的发展可实现废弃资源的回收再利用，除发电和生产过程产生的余热余压等，城镇周边产生的工业废弃物、建筑废弃物、农业废弃物和城市垃圾等也可以应用于小规模的能源供应，达到减少污染排放和能源浪费的双重效果。

② 减少化石燃料使用

我国工业化和城镇化建设的不断推进，决定我国的能源生产总量和能源消费总量将在很长时间内保持增长。可持续的发展理念驱动我国能源发展的方向转向绿色低碳，能源结构不断优化。分布式能源的发展推动清洁能源在能源生产中的出力不断增加，化石燃料在能源生产结构中的占比实现稳步降低。化石能源损耗的减少使碳排放能够下降并保持在较低水平，在很大程度上可推动我国双碳目标的实现，助力清洁低碳能源体系的形成。

3. 提高经济效益

① 减少远距离传输的损耗

分布式能源的出力主体大多分布在用户侧，靠近用电负荷，部分产能可实现就地消纳。传统的能源集中供应系统往往需要在能源输送和调度上花费大量成本，分布式能源接近用户需求，并可最大程度减少能源输配送网络的搭建，可大大降低输送损失。除此以外，在城镇周边的郊区或偏远农村地区，人口密度较低、产业数量较少，分布式能源可有效避免集中供能远距离传输和损耗的问题。

② 相对及时的反馈和调节

分布式能源靠近用户侧的特性也赋予其供能灵活、契合需求的优点。短距离的传输要求能源供应的反馈和调节都相对及时，根据负荷的能源使用特性，如时间特性、峰谷特征等，可实现能源供应的优化，为终端用户提供更高质量、更可靠的能源供应，减少供能过剩和供能中断情况的发生。

7.1.1.3 供能技术概述

1. 分布式发电技术

① 太阳能发电技术

太阳能是一种储量丰富、采集简便的可再生能源。我国发展较完善、应用较广泛的太阳能发电技术包括太阳能光伏发电和太阳能热发电。太阳能光伏发电是将光能直接转化为电能的发电技术。通过光伏电池板在太阳下接受照射，其组成原件半导体材料发生光生效应，直接产生电能。太阳能热发电的原理是光能到热能再到电能的转化，通过材料或设备实现两次能量转换过程，包括两种实现方式。一种是将光能产生的热能通过材料特质转化为电能，如部分特殊材料的温差发电、磁流体发电；另一种是将辐射产生的热能通过热机转化为机械能，再通过发电机转化为电能。

目前太阳能发电在我国已得到广泛应用，如偏远地区小型供电、小型灯源、光伏电站和风光互补供电等。未来，屋顶光伏发电、建筑物整体光伏幕墙等将在城镇能源综合利用中得到普遍推广。

② 风力发电技术

风能是我国资源储量丰富的一种可再生能源,很大一部分风能尚未得到开发和利用。风力发电技术的原理是风能到机械能再到电能的转化,通过风力带动风车机组转动,再驱动发电机进行发电。风力发电机组应用在我国东北、西北、西南高原和沿海岛屿等多风地区可以输出大量电能。

③ 生物质能发电技术

生物质指生产生活过程中形成的各种有机体,包括农作物、农林废弃物、动物粪便、城市垃圾、生活污水、工业废水等。生物质能发电是将生物质直接作为燃料,如秸秆、薪柴等,或加工成易于储存、运输和使用的燃料,如沼气、生物柴油、固体燃料、可燃气等,进行燃烧发电。生物质能发电既可以减少农林废物堆积和垃圾排放,达到环境保护的目的,又可以用于农村和城市的生活用能和废弃物回收利用,实现资源利用的最大化。

④ 地热发电技术

地热发电的原理是实现地下热能到机械能再到电能的转化。地热能具有稳定可靠、安全绿色的特点,是一种可再生能源,主要包括蒸汽热、热水热、干热岩热、低压热和岩浆热五种热力形式。我国西南地区分布着大量未开发的低温地热和高温地热,是隐式的发电和供热能源。

2. 能源优化利用技术

① 热电联产技术

热电联产也称汽电共生,是一种可以同时实现供热和发电功能的能源优化利用技术,能效较高的高品质热能用于发电,能效较低的低品质热能用于供热或供暖。在工业中的表现形式为,发电后的余热用于提供生产或生活所需热量或余热发电。一方面可以解决空气污染和用热用电矛盾,另一方面能够实现能源再利用,减少能源浪费。

② 冷热电联产技术

冷热电联产技术是热电联产技术的延伸,在热电联产的基础上加入制冷技术,可以同时实现供冷、供热和供电。在工业生产中,工厂除了产生电能和发电余热外,还可以通过驱动废热制冷,进一步提高了用能效率。

③ 能源梯级利用

能源效率的提升有赖于能量梯级利用的实现。所谓梯级利用,一方面指按需供能,即能源供应应当与能源需求和利用场景匹配,避免出现高能低用;另一方面指将未利用的能源以及余能进行回收再利用,主要的渠道是系统中余热、余压的再利用和工业生产余热的再利用。能量梯级利用既避免了余能浪费,降低了能源消耗，也减少了污染排放。

④ 多能互补

多能互补指将多种类型的能源整合优化，实现能量的稳定输出。可再生能源的供应受到自然因素的限制，有较大的波动性，如太阳能光伏发电容易受到光照条件的影响，风力发电的输出受制于风力大小等。多能互补将风能、太阳能、生物质能等分布式能源进行优化组合，通过技术结合实现能量的灵活调节和调度，根据用户侧的消纳情况，输送高质高效、稳定安全、按需调节的能量。

7.1.2 能源配送技术

7.1.2.1 微网

微网一般指微电网，由分布式电源、储能装置、控制装置和负荷等组成，是一个单一可控的小型独立发配电系统。[1]微电网包括两种运行方式，即并网运行和独立运行。正常情况下可接入大电网并网运行，在电网故障或特殊需要时可独立运行，向用户侧供给电能和热能。微电网随着分布式电源的推广得到了快速发展，其使用的电源一般为小型电力机组，如光伏机组、风电机组、燃料电池等；同时微电网也整合优化了多类型的分布式电源，连接用电侧和发电侧，形成局部区域内的电力网络。

1. 微能源网

在未来城市的能源共享体系理念下，微网指能源微网，是微电网概念的延伸，以微电网的底层技术为基础。能源微网将微电网中的电源扩展到区域的光伏、风力、水力、蒸汽、生物质等多种能源，为微网内的其他用户提供各种资源的供应和调度，不局限于电力，还包括热能、天然气和供冷等。城镇内部的能源微网将在未来成为城镇能源供应的关键。靠近用户侧的微网可分散在城区的各个范围，如居民区、工业园区、学校、郊区等，充分调动可利用的屋顶光伏、小型风电、工厂余热余压等能源，持续为微网内的用户供应冷、热、电、汽等能量，既是发电侧，也是用电侧。

2. 微网关键技术

① 测量和预测技术

微能源网是涉及冷、热、电、储能的综合能源利用系统，其中包含的供能单元和用能单元种类和数量繁多。分布式能源地理位置分散、出力不稳定且质量参差不齐，用电负荷具有不同的时间和空间特点。在微能源网的建设和运营过程中，需要对当地不同区域内供能和用能信息、数据进行收集、测量，以实际数据为基础，预测能源的可能生产和消费范围。根据资源特性和用能特性，分析出能源与负荷的合理搭配，配置相应的设备种类和设备容量，实现微能源网的规划设计，避免后期设备和资源的浪费。

②生产和优化技术

微能源网中包含太阳能、风能、生物质能、气体燃料等多种资源形式，但每种资源在供能时都可能受到成本、天气等多种因素的限制，造成供能中断或过剩的问题。在能源生产中，需要利用多能互补、优化调度等技术，将几种能源形式协调组合，多种能量间快速转化，实现能源的高质、稳定输出。

③控制和管理技术

微能源网作为局部区域内的小型电力网络，既是供能侧、储能侧，又是用能侧。为保证系统的安全和经济运行，需要对设备和网络进行工况分析、诊断，对供能、储能进行统一的调度和控制。在产生异常状态时，通过采取适当的措施减少或避免电能质量受损或供电波动。

7.1.2.2　大能源网

大能源网是大电网概念的衍生，主要指电力网络、热力网络、天然气网络和其他交通运输网。我国的能源输送网络已经形成了完整成熟的体系，并广泛投入使用。我国的能源运输具有运量大、运距长、占用运输能力多的特点，形成了北油南运、西气东输等大跨度的运输格局。

1. 技术背景

我国能源资源储备较为丰富且分布相对集中，但其地域分布在生产和消费上具有高度的不匹配性。为在大范围内平衡能源供需，优化资源配置，远距离的跨区域能源输送将仍是实现能源产地和能源消纳地区连通的主要路径。因此，能源输配网络的建设和强化是我国能源发展的关键目标。

《新时代的中国能源发展》白皮书提出："统筹发展煤电油气多种能源输运方式，构建互联互通输配网络。"[2] 在我国的能源战略下，煤电油气等多种能源的输运将逐步耦合，能源产地和能源主要消纳地区的能源流动通道将更加畅通，能源输送网络的输送能力和效率都会大幅提高，全国范围内将形成安全可靠、灵活调度、快速高效的输配网络。这为未来城镇能源综合利用共享体系的构建提供了底层的能源支撑，为体系规划和能源调度提供了有力保障。

2. 能源运输技术概述

满足城镇能源综合利用共享体系构建理念的能源输配技术应具有快速、清洁、高效、大量和稳定的特点。考虑到城镇居民的多种用能形式和技术创新的特点，大能源网内的运输技术主要应用电网、热网、油气管道网络和相关交通网络等。

① 油气管网

管道运输适用于天然气运输和原油运输，具有运输成本低、损耗低、占用土地少、运量大、安全性高等优势。《新时代的中国能源发展》白皮书提出："推进天然气主干管道与省级管网、液化天然气接收站、储气库间互联互通，加快建设'全国一张网'，初步形成调度灵活、安全可靠的天然气输运体系。"在我国能源发展的新战略下，管道运输在能源运输中的占比将越来越高。

② 电力网络

电力运输网络将电源处生产的电能输送到其他地区。我国的电力运输格局既包括短距离小容量传输，也包括长距离大容量传输，如西电东送。

电能输送网络包括输电线路和配电线路。电源生产出的电能经过变压器升压后，通过输电网络进行运输，经过变压器降压，通过配电网络分配给用户。输电线路实现电能的远距离传输，采用高电压、小电流的输送方式，最大程度减少传输中的能量损耗。配电线路实现降压和到用户的传输，需要保证配电输送的安全性。

③ 供热网络

热力供应指以热水或蒸汽为媒介，通过管道网络等基础设施向用户侧供应热能，用于城镇居民的生产或生活。城镇是我国人口的高聚集地区，冬季的热力供应对于室内采暖是必需服务。响应我国的能源战略，供热同样需要满足清洁、环保、可持续的发展理念。同时，城镇居民的需求要求热力网必须能高效、稳定、便捷地输送热能。

7.1.2.3 双网耦合

城镇能源综合利用共享体系的实现涉及一个重要的概念即能源互联网。能源互联网是基于互联网技术构建的纳入多种能源的供给、传输和消纳，实现能量流动的现代能源体系。能源互联网的建设和发展是推动我国能源技术革命和能源战略实现的重要举措，也是城镇能源综合利用共享体系构建的底层架构。

在我国的能源现状下，分布式能源并不能解决全局性的资源供应和消纳问题，只能作为集中式能源系统的有力补充，其各自的特点和优势决定了在未来能源体系中的定位。二者将实现优势互补、协调发展、高效合理、稳定可靠的能源供应和利用，城镇内的能源互联意味着实现"主干网"——大能源网和"局域网"——微网和分布式能源的耦合联动。

1. 能源优化调度

一方面，大能源网通过各能源输配网络可实现集中式能源的远距输送，为城镇能源的供应提供保障。另一方面，能源微网的发展可实现大量、多类分布式能源的并网，促进广域可再生能源的大规模接入，推动其高效应用。靠近用户侧的能源生产和消纳实现了局域内的能源产销平衡，既能减轻大能源网的能源供应负担，能源微网的接入也对大能源网的调峰和能源优化配置起到了积极作用，推进实现了主动配电网的规划。

2. 服务开放共享

未来城镇的能源共享体系将通过大能源网和能源微网的耦合实现局域内的开放和共享。分布式能源、可再生能源和分布式储能加快并网，传统能源结构单一的能量流向被打破，能源的多端输入和多端输出使得更多的能源生产商和能源消费者被能源互联网接纳。同时，由于能源分布的广泛性和微网进入的低难度，能源互联网内的每一个个体都可以成为能源的生产者、消费者和调节者，能源体系的开放性和互动性大大增强，用户既提供了共享服务也享受了共享服务。

7.1.3　储能技术

7.1.3.1　技术背景

未来城镇的能源存储主要针对电能。作为能源利用的辅助技术，储能形式与能源形式相对应。传统能源利用呈现出集中和大规模的特征，生产和输送主要面向大批量能源。但化石能源的不断消耗无法解决用能可持续的问题。随着我国可再生能源和分布式能源的不断发展，分散和小规模的电源和热源大量接入能源网络，能源的利用逐渐表现出就地生产、就地消纳的发展趋势，分布式储能接入位置灵活，也应运得到发展和应用。

7.1.3.2　应用场景

1. 发电侧

① 平缓可再生能源出力

分布式电源大多以可再生能源为主，受自然因素影响较大，其出力具有间歇性、波动性和随机性的特点，接入电网的容量受到限制。分布式储能通过能量的存储和再释放，可以实现能源输出在供需不平衡情况下的调整，最大程度缓解分布式电源输出的不稳定问题。

② 降低分布式能源对大电网的负面影响

分布式储能的应用可以控制可再生能源的输出稳定可控，降低波动率和故障率，提高其供电的可靠性。在接入和并网时，减少分布式可再生能源因分散、小规模和不稳定、随机等特征对大电网造成的负面影响，解决在安全方面的隐患。

③ 提高对清洁能源的消纳能力

2021 年在《清洁能源消纳情况综合监管工作方案》中提出，在清洁能源利用中，应当坚持贯彻《中华人民共和国可再生能源法》，在全面落实"碳达峰、碳中和"战略目标以及满足环保性前提下，促进清洁能源消纳。清洁能源技术的不断发展和有效消纳是我国能源结构转型、能源技术革命创新、能源生产和消费革命战略实现的关键。分布式储能的应用推动了可再生能源大规模接入和并网的实现，提高了电网对分布式电源的接纳能力，可再生能源的应用场景得到扩展，为清洁能源的消纳创造了条件。

1. 输配侧

① 削峰填谷、调峰调频

我国城镇化和工业化不断推进，能源需求不断增长，用电负荷的峰谷差也不断加剧。分布式储能为负荷的削峰填谷提供了技术支持，在负荷的高峰输出电能，在负荷的低谷存储电能，减轻电网的调节压力，优化电能的配置，实现电能的供需平衡。此外，配电网中可再生能源的大量接入将造成系统频率不稳定，分布式储能具有快速响应、便捷可控的特点，可实现系统调频，保障频率持续稳定保持在合理范围内。

② 延缓电网升级改造

当配电网线路或变电站中负荷超过额定容量时，为保证安全，需要对配电网线路或变电站的容量进行升级或改造。分布式储能技术的应用提供了新的解决措施：将分布式储能设备接入配电网支路或变电站出口处，实现负荷的时空转移，提高线路和变压器的负载能力，延缓电网设备的改造升级。既可以避免改造升级带来的技术风险，又可以减少改造升级和后期运营维护所需的经济成本。

③ 提高供电可靠性

在用电负荷处于高峰时，由于发电输出容量的限制和输配电网络线路容量的限制，可能出现线路阻塞或过载的情况，导致部分负荷暂时无法得到供应。分布式储能快速响应和快速调节的特性使其可以提供紧急供电，保证某些负荷平稳运行，提高供电的可靠性。

3. 用户侧

分布式储能在用户侧的应用可以为未来城镇能源共享综合利用体系的理念的实现注入新的动力。随着城市的高速发展，居民和企业用能需求不断提高，为电能供应提出新的要求，一方面需要保证电能的高质量和稳定性，另一方面需要满足电能服务的经济性和便利性。传统的储能和用能偏向于垂直集成、独立分割，与未来城市的能源发展趋势并不完全契合。分布式储能分散、接入灵活、快速相应的特性则在一定程度上满足了用户的需求。

分布式储能在城市内的可应用场景非常广泛，全球分布式储能应用领域统计结果显示，工商业储能占据了较大比重，其余领域包含家用储能、偏远地区储能、社区储能等区域储能，以及电动汽车充电站和移动储能等新兴行业。从发展现状可以看出，用户侧的储能市场尚有很大发展空间等待发掘。

① 实现错峰用电

分布在社区、学校、家庭以及工商用户侧的分布式储能设备可以实现负荷的错峰用电。随着电价在用电峰谷价差的不断增大，分布式储能不仅可以进行削峰填谷，也可以通过在电价较低时存储电能、在电价较高时释放电能，满足用户在不调整日常用电习惯的情况下减少电费支出的需求，同时实现负荷的错峰用电，对电网系统的峰谷调节起到了积极影响。

② 提供重要负荷的备用电源

分布式储能提供的紧急供电服务可以为通信基站、数据中心、医院等机构提供备用电源，满足重要负荷需要不间断电力供应的需求，其快速响应能力也保证供电系统对扰动的应对，维持电压的稳定，保证用电的质量和可靠性。

7.1.3.3　分布式储能技术概述

1. 储热和蓄冷技术

储热技术按照不同的标准划分为不同的类型，常见的划分有：按照储热方式分为显式储热、潜热储热和化学储热，按照储热温度分为中高温储热技术、低温储热技术和深冷储冷技术。在分布式可再生能源的应用中，储热技术可以应用于太阳能热储存、微型燃气轮机发电余热储存、电力调峰热储存等。蓄冷技术是利用材料的显示热或潜热特征储存冷量，在需要的时候将冷量释放出去供需求侧使用，主要有蓄冷技术、冰蓄冷技术、共晶盐蓄冷技术和气体水合物蓄冷技术等。

2. 储电技术

分布式电能存储技术主要可以划分为物理储能、电磁储能和化学储能三类。抽水蓄能、压缩空气储能和飞轮蓄能属于物理储能；超导储能、超级电容储能、高密度电容储能等是通常所指的电磁储能；铅酸、镍氢、锂离子、液流和熔融盐等电池储能则属于化学储能。

抽水蓄能的原理是在电能供大于需时，将水抽至上水库，将电能转化为势能；在电能供不应求时，将水下放至低水库，将势能转化为电能。通过能量形式的转化进行电能和电力负荷的时空转移，但对自然环境和地理位置的要求较高，小规模电源难以实现。压缩空气储能的原理是在电力负荷低谷时压缩空气并将其高压储存，在电力负荷高峰时释放高压空气驱动发电机发电。通过内能和电能的互相转化实现电能的存储和释放，具有储能多、成本低等优势，但容易受到自然条件限制。飞轮储能的原理是在电能供大于需时利用电能驱动飞轮高速旋转，在电能供不应求时利用飞轮旋转产生的机械能带动发电机发电。通过机械能和电能的转化实现储能，具有高功率密度、寿命长、无限使用的优点。

电化学储能是通过电池中的化学反应实现电能的存储和释放。不同种类电池因其特性差异，在能量密度、寿命、充放电效率和使用成本上的表现不尽相同，因此具有不同的适用场景和使用规模。超导储能是通过利用超导线圈储存电磁能，需要时将电磁能释放，具有效率高、响应快、能耗较小、可反复利用等优势，但成本较高，大规模普及仍需要时间。

超级电容储能是通过双电层和氧化还原赝电容电荷存储电能。储能过程不发生化学反应，因此超级电容可进行反复充放电。其响应快、寿命长的特性可与电化学储能寿命较短、能量密度高的特性结合，实现技术创新，优化储能。

3. 储能创新优化技术

① 基础储能技术互补应用

在现有的分布式储能技术中，各储能技术由于原理和材料特性的不同，具有各自的短板和优势，常见的分布式储能技术有功率型储能和能量型储能。功率型储能可在短时间内输出高密度功率，能量型储能则能以小功率长时间提供能量输出，两种储能方式的结合可实现优势互补，满足高品质能量需求，提高系统的经济效益。如超级电容储能技术可与电池储能技术结合，形成同时具有高能量功率和高储能密度的优化储能系统。

② 电动汽车电池

随着电动汽车的推广和广泛使用，其充电设施和汽车电池问题也成了产业发展的关键。对于分布式储能技术而言，电动汽车既可以是移动负荷，也可以是分布式的电源。新能源汽车的特征限制了其最长行驶距离，在使用过程中需要不定时充电，其在非固定时间和空间上的用电需求契合分布式能源的特性，分布式电源和分布式储能技术的结合为电动汽车充电桩的设置提供了便捷。在另一层面上，电动汽车电池可以作为储能电源使用，提供供电服务。车辆入网技术的实现，可以通过调度充电和放电参与峰谷调节。当动力电池不能满足电动汽车的使用时，退役电池可以通过梯级利用，在其他场景中继续进行储能和供电，如电网储能、家庭储能等，实现资源最大化利用。

7.2　信息技术体系

7.2.1　技术背景

随着我国能源技术革命的持续推进，能源行业逐步与以大数据、云存储等为代表的互联网技术深度融合。信息通信技术的快速发展，为开放共享、互联互通的能源理念提供了实现路径，为稳定高效的能源服务提供了技术支撑。

在城镇能源综合利用共享体系的构建框架下，能源产品和能源服务的供应需要向更高层次迈进，信息通信技术的应用面临着新的要求，其在能源行业的服务可以划分为三个层次。

7.2.1.1　信息化和数字化

信息化和数字化是实现城镇能源高效利用和开放共享的首要任务。可再生能源的大规模生产和消纳对传统能源行业的管理模式发起挑战，供能、储能、输电和配电等各环节都需要进行业务变革。能源行业具有大量多类型、广领域的设备和仪表，同时能源生产和负荷消纳的数据具有规模庞大、部门和专业跨度广、类型多样的特征。信息技术需要渗透到能源从生产到使用全过程各环节，实现实体设备、资源和运作过程、动态的信息化，完成海量数据的上传、收集和管理。此外，在数字化的过程中，行业内需要实现线上数据的闭环和业务的交互，完成资源、设备和业务信息系统的集成融合和模式变革。

7.2.1.2　智能化和自动化

能源体系的建设包括能源出力调度、电力输配管理、负荷消纳管理等多个管理流程。能源网络中时刻进行着能源和信息的双向流动和多方交易。大量的设备状态信息、生产信息和需求侧用能信息在信息系统内进行传递，信息通信技术需要时刻对供能单元的运行工况、储能单元的余量和调峰调频特征、用能单元的需求变化进行监测、协调控制和经济成本分析，并及时做出管理决策，迅速反馈到实际运行过程中。这个过程需要系统进行自主的管理和调节，对常规化的调度情况有自控自治的能力，实现系统的智能化管理和自动化调节。

7.2.1.3　共享化和互动化

城镇能源综合利用共享体系的主体包含信息互联网络和能源互联网络。在广分散、小规模的资源和用户地域背景下，供能单元和储能单元的特征决定了能源供应商和用户的多元化，高速、双向、及时的信息传递和反馈机制是实现各节点互联互通的基础。信息通信技术在这个过程中需要完成信息共享、数据共享、能源共享的任务：在能源系统内实现信息数据的分层管理，推进数据的规范授权和快速调用，并将其反馈至能源和负荷调度层面，匹配合适的能源服务，促成能源的综合利用和能源共享，融合各生产、消费节点的能源行为和互动，最终为服务共享提供技术支撑。

7.2.2 关键技术

城镇能源综合利用共享体系的主体是与大能源网连接的多个互联微能源网。信息和通信技术在其构建和服务过程中的应用可以划分为三个环节，即规划设计、运行维护和优化服务。

规划设计：能源体系涵盖了能源生产、能源存储、能源输配和能源消纳等能源利用全部环节，涉及冷、热、电等多种能源形式，是一个功能复杂的多目标系统。在微能源网的建设前期，信息技术体系需要对当地的供能和用能单元数据进行收集和处理，完成能源生产和消纳的预测，以实现对相关设备和能源网络等硬件的规划和设计，达到最大的社会和经济效益。

运行维护：微能源网中涵盖大规模、多类型的设备和仪表，长期的运行过程中必然会出现故障或耗损，信息技术体系必须能够对设备和管网时刻进行状态监测和工况诊断，以便及时进行修复或升级，保证系统的安全性和经济性，避免供能质量和稳定性受损。

优化服务：能源体系的最终目标是为城镇居民提供更优的能源产品和能源服务。共享理念的渗透将会推进能源的共同治理，供能、用能单元间的壁垒将被打破，每个能源节点都可能同时担任能源生产商和消费者两个角色。能源体系将逐渐市场化，供能主体将逐渐多元化，市场内的竞争也会推进服务水平的不断进步。

7.2.2.1 大数据

大数据指规模庞大、类型复杂的海量数据。在能源行业中，数据涵盖能源生产、输配和消费各环节，涉及多种设备和仪器仪表，具有跨行业、跨领域、跨地域的特点。能源大数据包含大量能源信息，具有很高的利用价值；但因其类型和地域的多样性，能源大数据也具有非结构化的特征，在处理和分析时具有较大难度。大数据技术在城镇能源综合利用共享体系中的应用主要包括以下三个方面。

1. 数据采集和分析

大数据技术可以实现大量信息的快速挖掘和采集，保证能源、设备、用户数据的及时性、精确性、真实性和全面性，获取能源体系运行过程中各单元的实际状态信息。通过数据预处理，可以将因环境问题或设备故障等特殊原因造成的数据错误或丢失进行恢复，并过滤掉冗余数据，提高数据的价值密度。通过统计和计算方法完成对数据的定向分析，实现其在特定领域的应用价值，如用户画像、电力安全防护、预测等。

2. 生产和负荷预测

在大数据技术的支持下，微能源系统可以收集和存储大量数据，为预测提供大量的历史相关数据和不断更新的近期数据，包括城镇周边天气和环境的监控数据、不同类型能量的消纳数据等。在海量数据的基础上，系统可实现能源出力和消纳的精准识别，并完成跨时间和空间维度的复杂预测，保证预测数据的准确性和可靠性。

3. 状态监测和评估

在能源系统的运行过程中，设备和管网等基础设施随时都会产生大量状态信息。大数据技术在设备侧的覆盖可以实现对系统状态的实时监测和评估，通过与历史数据的对比可以筛选出异常数据，对可能出现故障或损耗的设备和管网进行修理和升级，在必要情况下发出事故预警，保证能源系统运行的安全稳定和经济性。

7.2.2.2　区块链

区块链的本质是一个分布式的数据库和共享账本，具有去中心化、时序数据、防篡改、可追溯等特点，可实现数据的分布式高冗余存储、多节点无差别记录，在区块链架构内能够满足数据的透明公开和集体管理。城镇能源综合利用共享体系内分布着多个微能源网系统，分散的地域特征使能源数据、产能主体和用能主体都具有分布式、难管理的问题。区块链技术的加入主要可以解决以下三个问题。

1. 能源交易去中心化

区块链网络层的分布式组网机制可以实现节点的扁平化连接。区块链技术在能源网络中的加入可以推进能源供应和使用主体的多元化，每个主体都作为能源网络中的一个节点进行信息双向传递和能源交易，构建起拓扑状的网络结构。与传统能源垂直固化的供应模式不同，P2P 的组网机制可以完成能源网络的自动组网，推动新能源节点的进入和能源网络的不断拓展，实现能源节点之间的点对点交易。

2. 数据加密和可追溯

区块链数据层的时间戳和哈希函数可以对数据进行时序记录。在能源系统内，从生产到消费所有环节的全部数据都可以被完整记录和查询。在大规模、全环节、时序化的数据基础下，能源利用全过程实现可追溯。同时，数据层的非对称加密机制可以完成全过程数据的加密和安全封存，只有经过授权的能源节点能够访问能源网络中的数据，且数据一旦被记录就不可更改。针对能源生产、输配和消费的各场景，都可以封存防篡改的真实数据，对异常数据回溯追查，能够实现耗损或故障的及时发现和分析，提高能源效率。

3. 能源数据一致共享

区块链技术保证了每一个能源节点在系统中都是平等和独立的，通过分布式存储和共识机制可保证数据的一致性和开放透明。能源系统内的主体均可以对能源数据进行查询和合规记录，可以为能源交易和能源金融服务等创建公平公开的市场环境，推进城镇能源综合利用共享体系的落地。

7.2.2.3 云技术

云技术的本质是分布式计算技术，集成整合了分布式数据存储技术、虚拟化技术和平台管理技术等，构建起存储大量用户数据的资源库，实现用户获取资源的时间灵活性和空间灵活性，实现物理设备在计算、空间分配上的资源弹性。云计算的技术架构赋予了其同时存储和管理大量数据的能力，按需取用数据和分配空间的特性使其可以进行快速分析和计算，在很大程度上可以解决数据分散、多源异构的问题。

1. 分布式存储

微能源网分布式的地域特征决定能源数据的分散性，非集中的大量数据难以得到安全的存储和高效的分析。云技术规模庞大，涵盖分布广泛的服务器和应用，其高效的管理和资源调用能力使其能够协同大量计算资源，完成平台和应用的快速部署，实现数据的分布式存储和隔离，保证大量用户能够同时安全存储数据，并快速准确地访问所需数据。云计算技术赋予分布式数据高效存储和高效调用的特性，推进了微能源网数据系统的建设。

2. 多源数据的管理

微电网系统随时都会产生大量数据，能源本身的形式不同，如风能、太阳能、地热能，以及能源利用形式的不同，如热电联产、风力发电、太阳能热利用等都会导致数据多源异构情况的发生。数据形式的巨大差异使数据计算和分析难以实施，云计算技术中的虚拟化可以调用大量不同的计算、网络和应用资源，使其参与数据的处理过程，快速完成数据的统一和规范化，为下一步分析和计算打好基础。

3. 并行计算和分析

云技术平台大量的计算、网络和存储资源和高效的管理、调用能力，可实现微能源系统内数据的快速响应和反馈。云计算技术分布式、高吞吐率和高传输率的特点能够实现多资源节点的并行计算和分析，完成线上的数据计算和评估、多区域数据的滚动计算，为能源调度、供需平衡提供了技术支撑，可实现微能源系统内多能互补、调峰调频等管理优化。

7.2.2.4 知识图谱

知识图谱的本质是一个大规模的语义网络，其构成核心是由实体、关系和属性组成的三元组。知识图谱技术提供了一种高效存储、整合、管理海量信息的方式，能够对物理世界中的实体及其关联关系进行可视化描述。关键技术包括知识抽取、知识表示、知识融合及知识推理技术。在微能源网中，知识图谱主要可以解决信息孤岛问题，对海量能源数据进行融合，发挥其关联和拓展价值。

1. 数据跨领域交互

微能源系统中存在大量相互独立的数据，包括发电、输电、变电、配电和用电等跨环节信息，设备运维、生产优化、安全监督、负荷调度等跨业务信息，也包括风、光、地热等跨能源数据。知识图谱可以对大规模、非结构化和非关联性的能源系统数据进行整合，使分散、孤立的数据块融合，打通环节、业务的壁垒，实现技术、业务和数据信息的融汇，形成互联互通的能源信息网络，推动能源信息的共享和交换，为城镇能源综合利用共享体系的构建注入新的动力。

2. 数据检索和挖掘

能源系统图谱库的建立可以对多环节、多业务数据进行知识化、可视化，解决领域壁垒和信息孤岛等问题，构建覆盖全产业链的信息和数据网络。面对生产调度、经济分析等情况时，知识图谱的应用可以完成数据的快速梳理和贯通，实现快速检索和深度挖掘，避免分散查找降低效率。此外，通过数据的关联可以对相关信息流进行推送，为决策提供更多可能依据，提高决策的可靠性和准确性。

7.2.2.5 数字孪生

数字孪生的本质是通过数字化的方式进行对物理世界的仿真，建立与物理实体对应的数字孪生体。数字孪生架构的关键技术包括传感技术、数据集成技术、模型构建技术等多种技术。在微能源网中，数字孪生技术可以实现系统从规划设计、投入生产到运营维护全过程的数字化，对能源系统实时运行状态进行监测，为日常管理、优化调度等提供决策模拟的途径，提高城镇能源综合利用共享体系的运行能力。

1. 实时状态可视化

数字孪生技术通过大量部署的传感器，对能源系统中的关键设备、管网、厂站等物理环境进行实时的感知和监测，经过高精度的数据采集、传输和处理，通过 VR、AR、MR 技术在虚拟能源系统中完成精细的场景仿真，实现虚拟与现实的数据实时交互。一方面，数字孪生技术实现了场景的全面复制和动态实时反馈，为能源系统可视化监控提供了途径；另一方面，全面的系统监测可以提高巡检效率，节约监测成本。

2. 故障和风险识别

数字孪生技术可以对微能源系统进行实时监测和分析，实现对设备运行状态的动态评估和智能预测，对可能出现的故障或异常进行预警，并主动采取防控措施，保证系统平稳运行，将应对能源系统灾害的态度由被动治理转变为主动防御。此外，通过三维场景的模拟，可以对业务过程中存在的安全风险进行提前识别，减少安全事故的发生。

3. 模拟和辅助决策

通过对设备规模、能源调度、维修优化等决策在虚拟世界中的模拟，实现对决策可行性的提前评估，为微能源系统的规划设计、运行维护和优化管控等提供了数据支撑。通过实施效果的提前模拟，对现实世界中的决策起到了辅助作用，提高了决策的准确性和可靠性。

7.3 服务技术体系

城镇能源综合利用共享体系的一个重要目标是为居民提供优质能源产品和能源服务。服务作为与用户直接接触的最终业务流程，需要满足高效优质、方便快捷、安全可控等需求。在能源产业快速发展和变革的背景下，能源服务需要扩大覆盖面，力求建立完善、综合的服务体系。新型的能源服务方式，将打破不同能源品种单独规划、单独设计、单独运行的传统模式，实现横向"电热冷气水"能源多品种之间，纵向"源网荷储用"能源多供应环节之间的协同以及生产侧和消费侧的互动。[1]

能源服务技术体系可以划分为以能源使用为导向的能源基础服务，和以能源价值为导向的能源增值服务。

7.3.1 能源基础服务

能源基础服务是以能源消费侧的客户需求为目标，为城镇居民和企业提供高质量、低成本、多类型、方便使用的能源产品和服务。在能源共享体系的基础上，能源生产和消费侧将实现双向交互，消费侧服务水平的提高势必会促进供能侧、输配侧技术的升级，最终达到供需双向优化、能源效率提升、双碳目标推进、调度管理优化等多个目标。

7.3.1.1　能源供应服务

1. 电热冷气水混合供应

顺应我国能源结构转型的趋势，多种可再生能源的建设大幅铺开，多能互补、融合发展成为能源行业不可逆的发展潮流。共享理念不断推进，未来城镇内的能源管理模式将逐渐转向扁平化、分散化，生产和消费具有因地制宜、就地消纳的特征，提供的能源供应服务应该是电、热、冷、水、气等多种能源融合的。在数字化、智慧化的能源技术和信息技术支撑下，能源体系可以充分发挥各种能源类型间互补调节的优势，相互支撑和优化利用，使供能服务更加清洁高效、稳定安全，最终形成以电能为核心的综合能源体系。

2. 交通能源多元化

交通领域是我国能源消耗和碳排放的重要领域之一。能源结构的转型在很大程度上推动了交通系统用能的多元化、车用动力系统和车用供能技术的不断创新和升级。车用燃料逐渐形成了多种能源组合并存的局面，包括传统化石能源、生物燃料、天然气和电动、混合动力等。能源的多元和混合供应进一步推进了交通领域用能的多元和互补，契合我国能源结构转向清洁低碳的发展理念，多种能源的供应服务也为交通领域的发展注入了新的动力。

7.3.1.2　检测管理服务

1. 用能监测

用能监测是指对用户使用电、热、气、水等能源的情况进行分项独立的数据采集、传输、存储和监控，即能耗信息监测。主要依托于云存储、大数据等信息通信技术，实现数据的全面、精准记录。一方面可对历史数据存储和查询，通过分析和对比，了解用户本身的用能习惯和偏好；另一方面通过数据的实时滚动记录，可反映用能信息的动态变化。用能监测是能源共享数字化、智能化管理的关键部分，能够实现用能数据可视化、采集规范化和监控实时化，降低人工计量的成本，也便于用户日常的能耗统计和管理，从而优化能源匹配和调度。

2. 能源诊断

能源诊断指对用户的能源使用情况进行分析和评价。对家庭用户而言，能源诊断是对基本用能情况的调查，包括能源使用类型和数量、主要用能器具、用能偏好时段等，以此分析潜在的节能手段，如错峰用电、用能类型转换、水位温度调节等。对企业用户而言，能源诊断指对生产流程、用能设备的能效、现场的管理状况等的调查，诊断出生产环节或用能设备影响能耗的情况，从而计算潜在的节能量，并对相关环节、设备、生产工艺进行升级和改造。

3. 设备监测

智能传感技术和通信技术等在能源行业的渗透，更便于用户端对用能设备的监控和安全管理。在信息通信技术的支持下，用户可实现对设备运行状态、参数等的实时监测，如中央空调、车用电池等，对异常数据进行预警处理。既可及时检测到异常运行的设备，对其能耗进行控制，又能尽早发现设备故障并进行修理，保证设备和线路的安全。在日常的设备监测中，还能够根据设备运行的周期变化对其进行定期的维护和管理。

7.3.1.3 节能改造服务

1. 设施改造

设施的节能改造是指对影响能耗的设施或设备进行改造升级，以期达到减少能源消耗的目的。在非生产行业中，节能改造包括供热系统、采暖制冷系统、照明设施、热水供应系统等生活设施改造，目的是减少日常生活的能源消耗；还包括墙体、隔热材料等建筑结构改造，目的是减少建筑内随时发生、不可避免的能量损耗。在工业生产中，包括锅炉设备升级、冷热电联产等生产流程优化改造技术。

2. 电能替代

电能替代指在能源消费侧使用电能代替燃煤、燃油、燃气、燃柴等，通过太阳能、风能等清洁能源发电，形成以"绿电"为主体的能源消费模式。电能替代是我国能源生产和消费革命推进中的一项重要举措，拓展可再生能源出力，减少化石能源使用，达到节能、清洁、高效的能源消费目标。电能替代在城镇能源综合利用共享体系中可推进的领域包括居民采暖、工农业生产、电动汽车普及等，是推广性强、覆盖面广的一项节能改造服务。

7.3.2 能源增值服务

能源增值服务是在能源竞争市场愈发多元化和竞争化的局势下，发展出的能源产品化服务，是以能源的货币价值为导向，通过资源整合、价值增值等手段创造相关收益。能源增值服务建立在新能源产业链基础上，与金融交易市场融合，衍生出碳交易、技术设备交易、能源保险、数据增值等多种服务形式。

7.3.2.1 综合能源服务

1. 能源咨询

能源咨询服务是专业能源研究机构为用能终端提供的，有关能源行业政策、能源战略、投资可行性、技术升级、设备改造等方面的咨询服务。能源咨询的本质是通过研究机构拥有的能源行业数据、动态资讯跟踪能力和专业数据分析能力，综合碳减排、能源市场波动、可持续使用等因素，为用户提供项目投资和决策建议，实现创造收益、减少排放等目标。

2. 能源托管

能源托管包括能源消费托管和生产权托管两种形式。能源消费托管指托管机构对用能终端的能源使用、设备效率、能耗标准等进行管理，提供技术升级和设备改造的支持，实现节能。能源使用权托管指用户将自身拥有的潜在能源交由专业能源管理机构处理，由机构对能源出力进行配置和调度，实现能源生产效益的最大化。在能源共享体系下，供能主体和用能主体都多元化发展，能源交易市场的规范性和诚信性难以保证，能源托管服务在一定程度上推动了专业研究机构介入市场，构建并完善能源共享市场体系。

3. 第三方碳核查

碳核查指由第三方机构对参与碳排放权交易的单位进行碳排放核查，是进行碳交易的前提。随着我国双碳目标的推进，碳交易市场快速发展，因此碳核查服务逐渐表现出供不应求的态势。我国出台了《全国碳排放权交易的第三方核查参考指南》，完善行业标准，统一计算口径和方法，严格准入制度，规范市场秩序。碳核查服务行业规范的建立，为碳交易市场的稳定发展提供了政策支持，推进能源产品的多边交易，构建起了扁平化能源网络和交易市场的底层服务框架。

4. 设备经营性租赁

经营性租赁，即服务性租赁，出租人向承租人转租设备使用权，并提供设备安装、维护和保养等相关服务，设备的购置风险、过程安装风险和信用风险等由出租人承担。设备的经营性租赁在能源体系中属于一种特殊的增值服务，以设备使用权和配套服务的转让为手段，发掘设备的潜在收益，实现双方收益最大化。设备经营性租赁模式在能源网络中的推广，能够促进包括供能、储能、节能等多种设备服务的流通，推动多个能源节点的互动和交易，设备建设和投入生产逐步共享化。

5. 数据增值

随着信息化、数字化在能源行业的推进，能源利用全生命周期的每个环节都被数据化，能源网络的共享和开放使这些数据在能源用户、能源生产商、监管部门、第三方机构、投资者等多类主体间流通交换。在数据流通交换的过程中，数据拥有者会将数据所有权让渡给数据使用者，使数据能够最大程度发挥社会价值或经济价值，同时数据拥有者也可因权力转让获得收益。如能源消费用户可将个人用电数据置换给当地政府部门，当相关监管部门拥有大量用户的消费数据时，便可根据用能变化情况做出能源优化调度和配置的决策，创造出更大的社会和经济效益。

6. 技术交易

技术创新和升级是推进能源革命的最大动力。技术交易是基于能源行业信息不对称情况提供的一种技术对接服务，一方是全世界各能源领域的科研团队提出的崭新技术，一方是需要进行技术升级或改造的能源企业。技术交易可以实现科研成果和企业的精准对接和匹配，整合能源行业内的科技、人才等资源，推动创新技术的落地和转化，将现有的科研成果高效地转化为生产力。企业内的技术升级可实现能耗降低、能效提高，推进行业建设节能减排、清洁低碳的技术体系，助力双碳目标。

7.3.2.2 金融衍生服务

1. 碳交易和用能权交易

碳交易是将碳排放配额作为一种能源产品进行交易，卖方将本年度多余的碳排放配额量出售给当年实际排放量大于初始配额量的买方，以此形成配额量的交易活动。碳排放配额的可交易性提供给了交易主体效益最大化的选择，卖方出卖配额获取收益，买方在保证生产规模的前提下完成减排目标。碳排放额的限制也会强制企业对于清洁高效能源技术的创新和升级。对于监管部门而言，碳排放配额成为企业刚需会加速推进碳交易的发展，做到兼顾节能减排和扩大生产两大任务。多方共赢的局面赋予了碳交易更大的发展前景，同时也提出了加强市场监管、规范交易规则等要求。

用能权是指企业对电、煤、气、水等各类能源年度消费总量配额的使用权。与碳交易相似，用能权交易也是在区域能源消费总量控制的前提下，用能企业在市场规范下进行能源消费配额交易的行为。能源交易的本质是资源的优化配置，低能耗企业和高能耗企业之间的交易能够实现能源消费匹配，化解产能过剩问题。一方面，用能权交易构建了一个能源消费量分配市场，为用能主体不违背绿色低碳的理念实现低成本用能提供了路径。另一方面，用能权交易以市场化的手段推动企业为获取更高收益而主动进行技术升级，提高能效和减少能耗。

这种市场化的减排手段，赋予了能源行业更强的金融属性和产品流动性，进一步推动了共享开放理念在能源行业的落地生根。

2. 能源保险

城镇能源综合利用共享体系的理念推动了新能源领域的发展。但可再生能源项目的建设仍然面临许多问题：能源出力普遍受到自然因素的影响，资源不确定性风险和自然灾害风险较大；可再生能源政策体系不完善，市场发育不成熟，具有政策风险；可再生能源技术研发基础薄弱，资金支持不足，有一定的技术风险；开发成本和设备成本大，前期投入成本较高等。能源自身的短板和限制催生了投资、建设和运营风险，在一定程度上阻碍了资本的进入，限制了新能源产业的发展和效益转化。

能源保险的设立，在一定程度上能够为新能源企业提供风险保障，覆盖建设项目的部分风险，实现了投资者的风险转移和损失弥补。能源保险的推广，可以促进社会资本的投入，为新能源行业开辟了更大的发展前景，也为保险行业拓展了应用场景，实现了两个行业的互补，是能源产业与服务业有机结合的典型案例。

3. 能源期货

期货交易与现货交易相对，是约定在未来某时间进行交易的方式，是金融市场的重要组成部分。买卖双方在期货合约的约定下，按照指定的时间、地点和价格交割特定数量和质量的期货。期货交易的参与者可通过期货买卖保证既定收益，规避价格波动风险；也可以主动承担价格风险，利用价格的上涨和下跌进行交易，以谋求收益。能源期货即以能源产品为标的物的期货交易，是能源行业和金融行业结合的产物，现阶段流通较广泛的能源期货品种包括原油、汽柴油、沥青和丙烷、天然气等。

能源期货市场的不断发展，为能源产品的推广、能源市场的开放化和共享化提供了手段。能源期货交易的开展，可以引进大量的能源投资者，为相关企业和用户提供公开透明的价格数据和风险调控手段，能够推动能源市场平稳运行，并将能源产品价格控制在一定范围内，满足终端消费者的实际需求，提供优质公平的能源服务。

第8章 城镇能源综合利用共享体系商业模式

商业模式是产业、企业通过整合内外部要素形成的一个完整、高效、具有独特核心竞争能力的运行系统，它决定了产业或企业创造价值能力的不同。管理学之父迈彼得·德鲁克说："当今企业之间的竞争，不是产品之间的竞争，而是商业模式之间的竞争。"高效运行的商业模式能够最大限度地把市场中各个生产要素联系起来，从而实现资源的充分利用，并保证消费者效用和企业利润的最大化。综合能源利用共享体系是以智能电网为基础，以"互联网＋"为手段，以电能为核心载体的绿色、低碳、安全、高效的现代能源生态系统，提高效率是实现共享体系最大收益的重要途径。这一过程的实现，离不开商业模式的有效运行。城镇综合能源利用共享体系的重要特征是技术的先导性，技术创新所引致的经济价值的实现依赖于商业模式的有效实施。高效运行的商业模式能够将分散的实体通过信息纽带聚集起来，并以用户为中心，利用数据中蕴含的信息，为用户创造价值并助力城镇综合能源利用共享体系的推广和应用。

8.1 商业模式理论基础

为了更好地搭建城镇综合能源利用共享体系商业模式，促进综合能源共享体系的快速推广，本章首先对商业模式的相关理论进行了梳理。

8.1.1 商业模式的内涵

商业模式(business model)是管理学的主要研究内容之一。科学技术的迅猛发展，使商业模式渗透到社会经济生活的各个领域，并随着商业环境的变化而不断创新。

"商业模式"这一概念最早由 Bellman 和 Clark 于 1957 年提出。随后，国内外学者对商业模式进行了广泛研究。大量的研究成果虽然丰富了人们对商业模式的认识，但并没有形成一个统一的关于商业模式的定义。管理学之父德鲁克(1994)

指出，商业模式就是组织或公司的经营理论。[1] 美国学者迈克尔·拉帕(2004)认为，商业模式就是做生意的方法，是一个公司赖以生存的模式，一种能够为企业带来收益的模式。[2] 美国学者 Michael Morris(2003)对前人关于商业模式的概念进行了归纳，将其划分为三大类，分别是经济类、运营类和战略类，并认为应该从整合的视角来重新认识商业模式这一概念。[3] 国内学者通过对商业模式的探究，也提出了商业模式的概念。翁君奕(2004)将商业模式定义为企业经营管理职能活动的集合，包括营销管理、组织管理、运作管理、财务管理和人力资源管理等各个方面。[4] 原磊(2007)提出，商业模式是说明企业如何通过对价值主张、价值网络、价值维护和价值实现四个方面的因素进行设计，在创造顾客价值的基础上，为股东及伙伴等其他利益相关者创造价值。[5]

由此可见，由于研究者在研究视角、研究目的、研究对象和理论基础上存在的差异，导致商业模式的定义也各不相同。本章对商业模式的经典文献进行了梳理，整理出部分学者对商业模式的定义及其构成要素，见表 8-1。

表 8-1　部分商业模式定义及要素列举

研究者	年份	定义	构成要素
Timmers	1998	商业模式是产品、服务与信息流的组合，它描述了不同参与者与各自承担的角色，以及他们的潜在利益和最终利益的源泉。	价值获取、价值创造
Amit，Zott	2001	商业模式是为了实现一定的商业价值，而对交易内容、交易结构和交易治理方式进行设计的过程。	价值创造
Morris，Schindehutte 和 Allen	2005	商业模式是为了形成在特定市场上的可持续竞争优势，而对企业发展战略、生产经营 结构和经济逻辑等一系列具有内部联系的变量进行的定位和整合。	价值创造、组织行为、盈利模式等

1　PETER F　DROCKER. The Theory of the Business[J]. Harvard Business Review，1994，72(5)：95-104.

2　MICHAEL A　RAPPA. The utility business model and the future of computing services[J]. IBM Systems Journal Volume 43，Issue 1. 2004：32-42.

3　MORRIS M，SCHINDEHUTTE M and ALLEN J. The entrepreneur's business model：toward a unified pempective[J]. Journal of Business Research，2003，581.：726-735.

4　翁君奕. 介观商务模式：管理领域的"纳米"研究[J]. 中国经济问题，2004(01)：34-40.

5　原磊. 商业模式体系重构[J]. 中国工业经济，2007(6)：70-79.

续表

研究者	年份	定义	构成要素
Alexender, Osterwalder	2005	商业模式是用以表达特定企业商业逻辑的一系列要素以及这些要素之间关系的概念性工具。	价值创造、关系、资源等
Amit, Zott	2009	从构成要素和设计主题来分析，商业模式是一个由相互联系的若干活动组成的系统，这一系统能够使企业和它的商业伙伴实现价值创造，并获得一部分价值。	价值创造、活动、关系等
Teece	2010	商业模式的实质在于定义如何创造价值，传递价值，即将价值转化为企业利润的方式。从这个角度来说，商业模式是用来描述价值创造传递和获取机制的概念。	价值创造、转化

结合表 8-1 可知，理论界对商业模式的定义及其相关理论框架虽然尚未一致，但至少在相关观点和结论上已经呈现出了收敛趋势。

随着经济社会的发展和科学技术的进步，学者们逐渐认识到商业模式不能仅仅局限于企业，商业模式也并不能等同于运营模式、盈利模式或者市场定位，商业模式呈现出多样化的趋势，变得越来越精巧，并且渗透在互联网、零售业、农业、能源等多个领域。许多具有普适意义的商业模式定义的提出，使商业模式的概念更加系统化。例如，Zott 和 Amit(2010)在研究中强调了商业模式的系统性，认为应把商业模式界定为一个活动系统。[1] 鉴于此，本书认为商业模式是由多个要素构成的体系或集合，用整体的方式（体系及构成体系各要素之间的关系）来解释创造价值、价值分配、竞争优势的获取和维持等一系列问题。

8.1.2　商业模式运行的基本要素

从微观角度来看，商业模式是以企业业务活动为基础的，通过建立企业各业务之间的联系最终实现多个利益相关方合作共赢的交易体系。由此可见，理清商业模式运行最基本的构成要素是构建城镇综合能源共享体系商业模式的前提和基础。

商业模式的构建至少要满足两个基本条件，一是商业模式必须是由各种要素

1　Christoph Zott, Raphael Amit. Business model design: An activity system perspective[J]. Long Rang Planning, 2010(43): 216-226.

所构成的整体，而不仅仅依靠单一要素；二是各要素之间必须要有内在的联系，将这些联系有机地串联在一起，就能够形成一个良性循环。许多学者正是从商业模式的构成要素出发，展开了对商业模式的探究。本章结合能源体系商业模式发展现状，通过引入由魏炜和朱武祥（2009）[1]提出的"魏朱六要素商业模式"模型，对商业模式运行的基本要素进行分析，如图 8-1 所示。

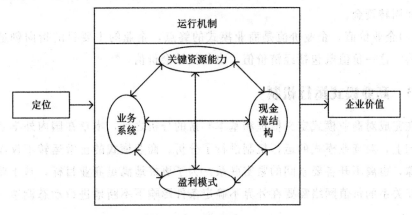

图 8-1　六要素商业模式

六要素商业模式提出商业模式由定位、业务系统、现金流结构、盈利模式、关键资源能力和企业价值六个基本要素构成。

（1）定位。作为商业模式的起点，定位决定了企业用什么样的方式提供产品和服务，这其中既包括战略定位，也包括营销定位。客户和产品是由企业的战略定位决定的，是实现长期发展路径的基础；营销定位则主要是从客户的角度去了解客户对产品的需求。

（2）业务系统。主要由两部分构成：一是与企业商业模式运行相关的各利益方；二是企业与内外部利益相关方的业务关系。

（3）现金流结构。包括现金流流入、流出方式以及现金流形态。通过对现金流结构的合理安排与设计，企业能够更好地对风险进行管控，以提高配置效率。

（4）盈利模式。盈利模式指的是企业的收支来源、收支形式。例如：能源企业的收支来源可以有多种，即用户购买能源的销售费、衍生业务的服务费（能源运维、用能管理等）、投资收入等。收支形式也是多样的，按客户类型收费（普通客户、VIP 客户）、按时间收费、按使用量收费（包括阶梯收费形式）等。

（5）关键资源能力。关键资源强调的是商业模式运行所需要的资源能力，包

1　魏炜，朱武祥．发现商业模式[M]．机械工业出版社．2009.1.

括资质资源、技术资源、客户资源和资本资源。需要注意的是，支撑不同商业模式运行的关键资源是不同的，以能源企业为例，能源商业模式的运行必须具备专业资质，比如某些资源(电力、燃气、热、石油等)的所有权或使用权；技术资源提供专业技术支持；客户资源帮助能源企业维持客户黏性，为长期发展奠定基础，并坚持以客户需求为中心的发展理念；资本资源为商业模式运行提供足够的建设和周转资金。

(6)企业价值。企业价值是商业模式的终点，企业的主要目的指向创造和获取价值，这一价值既包括经济价值，也包括社会价值。

8.1.3　商业模式运行机制

在完成对商业模式定义梳理和基本要素的分析之后，本章在国内外学者研究的基础上，对商业模式的运行机制进行了分析。商业模式的正常运转不仅需要要素支撑，也离不开各要素间的紧密联系。为了更好地满足商业目标，基于要素之间相互关系的价值网络需要在外界不确定条件影响下不断地进行动态调整，如图8-2所示。

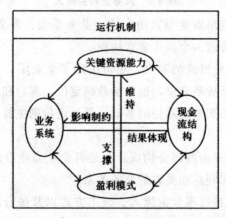

图8-2　商业模式运行机制

商业模式运行机制中的四要素相互影响，相互作用。其中，盈利模式为企业生产经营活动带来所必需的利润来源，是维持企业正常运转的关键资源能力，而关键资源能力反过来又是企业盈利模式的重要支撑，为利润来源和收支方式集结内外部资源的重要能力。业务系统将商业活动的结果直接体现在现金流的结构上，有什么样的业务结构就有什么样的现金流结构。与内外部利益相关方的交易方式决定了现金流流入和流出在时间序列上的表现形式，而现金流的结构在一定程度上反映了企业的投资价值，影响企业定位的识别，制约着业务系统的动态调整。企业商业模式的运行强调要素、角色和关系，四要素紧密相连构成有机的商业模式运行机制。

大数据、云技术的诞生，促使传统的交易方式与新技术、新渠道、新领域相结合，为传统商业模式的创新提出了新要求。以互联网技术为代表的新技术带来的技术变革、满足客户新需求、行业内竞争压力、价值创造高质量的要求都为商业模式的创新提供了机会和条件。

传统商业模式以价值创造为导向，更加注重经营绩效与市场竞争优势的创造。随着商业模式的发展创新，企业社会责任被看作是提高企业最终财务绩效的战略性资源。在未来，创新型商业模式将会更强调企业内外部价值创造与社会利益的关系。因此，如何在获取经济利益的同时实现更大的社会价值将成为未来重要的研究课题。

8.2　传统能源的商业模式分析

本节以石油、煤炭、天然气和电力的商业模式为例，分别对其商业模式进行简要概述。通过对比分析，能更好地理解传统能源的商业模式，为探究城镇综合能源利用共享体系的新型商业模式做铺垫。

8.2.1　石油利用商业模式

石油在我国传统能源的使用中始终占据重要地位，石油企业对我国国民经济的发展也是至关重要的，在这里分析石油利用的商业模式主要是以石油企业为例。石油利用的商业模式不仅依赖于企业自身价值最大化的选择，还依赖于国家各种政策的扶持，主要包括一体化模式、多元化模式和局部垄断模式三种。

8.2.1.1　一体化模式

一体化商业模式(图 8-3)包括横向一体化和纵向一体化两方面。横向一体化模式是指石油企业通过不断地兼并收购同类型的企业，扩大企业规模，提高企业的技术水平，更大程度地实现规模效应，以降低企业的边际成本。纵向一体化是指通过合理扩张该产业上下游的业务范围，延长产业链，增加产品附加值，在保证企业核心技术的基础上，不仅要满足原材料端的稳定供应，还要满足客户终端的各种服务需求，不断提升企业的竞争力。

图 8-3　一体化模式

8.2.1.2　多元化模式

多元化商业模式(图 8-4)是指在复杂多变的市场环境中，即使企业自身实力达不到兼并收购其他企业的程度，但至少可以专注于企业本身、市场和用户，以市场为导向，抓住机会和机遇，提供异质性的产品和私人定制的服务，多方面拓宽企业的盈利渠道。这种商业模式适用的企业范围更广，盈利的渠道也更加多样化。

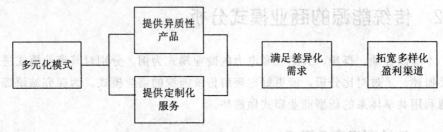

图 8-4　多元化模式

8.2.1.3　局部垄断模式

局部垄断模式(图 8-5)是指石油企业既不专注于做大，也不专注于做多，而是致力于自己的垄断性质，通过垄断所在产业、行业或者地区的某一局部的原材料、产品、技术、服务，使生产资料、劳动力、劳动产品部分集中于企业自己手中，进而更好地巩固企业的市场地位，加速所在地区资本的集中发展，保证企业的利润来源。这种商业模式在发展中国家是比较常见的，中国石油天然气集团有限公司、中国石油化工集团公司都普遍采用了这种商业模式。

图 8-5　局部垄断模式

8.2.2 煤炭利用商业模式

煤炭对国民经济整体运行有着不可替代的特殊作用，煤炭利用的商业模式也因此而呈现出强烈的行业特征。这里仍以煤炭企业为例介绍煤炭利用的商业模式，大体分为三种模式，分别是产运销模式、差异化模式和一体化模式。

8.2.2.1 产运销模式

产运销模式(图 8-6)是指"生产—运输—销售"模式。这种商业模式是煤炭企业最传统、使用时间最长的商业模式。产运销模式生产环节作为煤炭企业全部工作的出发点，抓实生产，降低开采成本，努力提高煤炭的生产效率，通过增加煤炭产能的方式，在此基础上结合合理的营销手段，实现企业利润的不断扩大。而煤炭企业的其他环节，如采购和物流环节，都是在扩大产能之后才逐步实现的。

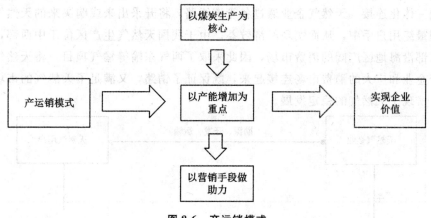

图 8-6 产运销模式

8.2.2.2 差异化模式

近年来，客户对煤炭的需求随着市场经济的不断深入发生了各种变化，不同区域和地区对煤炭的需求呈现出不同特点。针对市场的这种变化，制定差异化的营销策略，可以为企业带来更高的收益。而差异化模式(图 8-7)所带来的好处主要有以下两种：一是可以增加煤炭利用的方式，提高资源利用的效率，减少资源的无效利用和浪费；二是差异化的服务更有利于满足客户需求和增加客户黏性，从而有利于形成合理竞争的市场格局。

图 8-7 差异化模式

8.2.2.3 一体化模式

与石油企业相似，煤炭企业一体化的商业模式也是通过不断地兼并收购同类型企业，形成最优规模，不断降低企业成本，并进行上下游产业链的延伸，延长企业价值链条，从而实现煤炭资源的合理利用。

8.2.3 天然气利用商业模式

作为优质、高效的清洁能源，天然气的应用与推广对于调整我国能源结构，构建绿色、低碳、环保型社会具有重要的意义。我国天然气利用的主要商业模式主要有一体化商业模式和燃气输销一体化商业模式。

8.2.3.1 天然气利用的一体化商业模式

一体化商业模式(图 8-8)是指天然气资源的勘探、开发、运输与最终用户之间的一体化连接。天然气企业通过各管道线路，将开采出来或购买来的天然气输送到最终用户手中，从而实现经济效益。由于我国天然气生产区位于中西部，远离东部沿海地区广阔的消费市场，因此采取了西气东输等输气项目，将天然气的生产企业和广大的消费市场连接起来，既保证了销路，又满足了天然气的市场需求，实现了天然气的稳定发展。

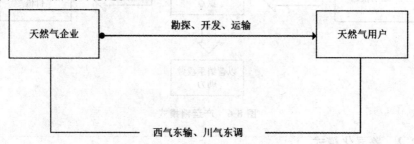

图 8-8 天然气一体化商业模式

8.2.3.2 燃气利用的输销一体化商业模式

政府将所在区域内公用事业、非公用事业的特许经营权一并授予一家燃气企业，该燃气企业享有"特许经营范围内的管道燃气业务独家经营"的权利，并负有"按照国家、行业、地方及企业标准提供天然气及相关服务"的义务。该燃气企业作为该区域内唯一一家天然气供应商，将直接一对多地为区域内所有用户提供售气、配气等相关服务，并实行将销售与配气进行价格捆绑的一票结算收费方式和销售配气一体化经营的商业模式。这种排他性的商业模式，使得区域内所有用户只能选择使用该燃气企业提供的服务，消费者多样化的市场需求难以满足，且容易形成区域内的垄断高价(图 8-9)。

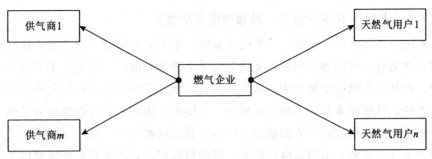

图 8-9　燃气输销一体化商业模式

8.2.4　电力商业模式

8.2.4.1　发电企业商业模式：产业链一体化商业模式

发电企业利用产业链上下游各方之间的相互关系和上游企业提供的保障，通过大用户直供电商业模式直接联系工业、制造业等大型用电企业，利用常规渠道通过国家电网向中小用户供电，实现企业的价值。发电企业的上游有燃料供应方、设备供应方、资金供应方，分别为发电企业提供了动力来源、生产来源和融资来源，是发电企业的基本保障；中游有国家电网公司及其各省市县内的分属部门，是发电企业的营销渠道；下游有电力大用户和各类电力消费者，是发电企业的出发点和归宿。发电企业通过和产业链上各个利益相关体签订合同契约，进行发电、售电，保障电力安全稳定供应的价值实现。有些火电企业除了依靠发电这一主业务之外，还提供煤灰利用、废渣处理等其他服务，拓宽盈利渠道，保障企业利润（图 8-10）。

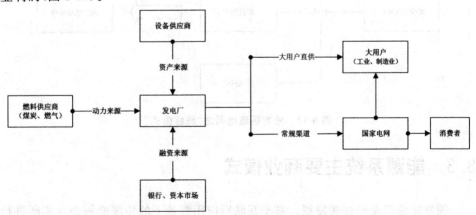

图 8-10　发电企业产业链一体化商业模式

8.2.4.2 电网行业商业模式：局部垄断商业模式

在电力产业链中，电网公司掌管着输电、配电、售电等关键环节，逐渐形成了其在电力行业内的垄断地位。无论是位于上游的发电厂，还是位于下游的各类用户，都处于电网的垄断之中。从横向来看，形成了"一省一公司"的平行式电网区域垄断；从纵向来看，形成了主辅合一、输配一体的垂直式电网业务垄断。这种局部垄断商业模式，一方面造成了电力交易市场被垄断，另一方面也形成了电力建设市场的垄断，电网从电厂购电、再销售给用电者的垄断角色短期内无法改变(图 8-11)。

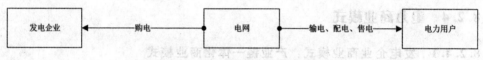

图 8-11 电网行业局部垄断商业模式

8.2.4.3 地方区域电网公司商业模式："魏桥模式"

魏桥集团是山东一家特大型企业，建有自备电厂。魏桥集团的自建电厂，不仅为魏桥集团旗下的企业供电，还向其他企业供电。魏桥自建电厂提出的电价与电网电价相比非常低廉，吸引了当地其他工业企业用户和居民用户向魏桥购电，由此形成了独特的"魏桥模式"(图 8-12)。

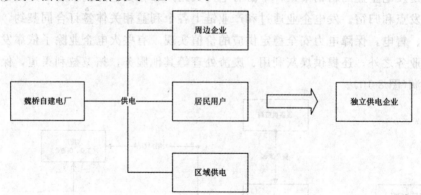

图 8-12 地方区域电网之"魏桥模式"

8.3 能源系统主要商业模式

随着能源产业的快速发展，基于互联网应用背景下的传统能源企业不断进行商业模式的创新，新型的能源企业商业模式也应运而生。作为一种基于市场运行的新型能源商业模式，合同能源管理为能源可持续发展提供了一个新的平台和路径，能够满足多元化用户对能源质量和效率的要求；而分布式能源是以模块化、分散化的形式设立在用户端的能源系统，同样符合能源体系变革方向，这些都会成为未来能源企业商业模式的主要发展趋势。

8.3.1　合同能源管理模式

EMC(合同能源管理)模式也称 ESCO(能源服务公司)模式，是 20 世纪 70 年代中期发达国家采用得比较多的一种商业模式。合同能源管理作为一种新型市场化的节能机制，其本质是用节能收益来支付节能投资成本的方式推动能源公司项目开展的一种商业模式。合同能源管理主要依托节能服务公司运行节能项目，依据客户需求为客户提供项目设计、工程施工、用能诊断、能效分析、节能改造等全套节能服务，克服能源企业自身业务不成熟的缺陷，并满足其规避风险的需求。合同能源管理的商业模式主要有以下四种。

8.3.1.1　节能效益分享型

节能效益分享型是目前最常见的合同能源管理模式，也是我国政府大力支持的一种运作模式。在节能工程项目建设实施期，投资费由节能服务公司单独承担，客户无须投入资金。项目建设施工完成后，经服务商与客户双方共同协商确认，在一定的合同期内，按合同比例分享节能项目运行的收益；在合同期结束后，节能设备所有权全部无偿移交给客户，客户单独享有节能收益。一般来说，为了尽快收回投资成本，合同期前几年节能服务公司分成比例相对较高。

8.3.1.2　节能费用托管型

节能费用托管型在项目建设期由能源服务公司进行投资，客户与服务商签订托管合同。项目完成后，在一定的合同期内，服务商对项目进行节能改造和运营管理，通过提高能源效率来降低能源费用，客户根据合同约定，定期向服务商支付运行托管费。合同期结束，节能设备无偿移交给客户使用，节能收益全部归用户所有。

8.3.1.3　能量保证型

与以上两种类型不同，能量保证型和合同能源管理模式由客户支付节能改造工程费用，投资风险由用户承担，服务商前期垫付全部投入，待项目完工后客户归还项目贷款。在合同中服务商向客户约定节能效益，在合同期内，如果服务商达到承诺效益，用户按约定一次或多次向节能服务公司支付服务费；如果未达到承诺效益，节能服务公司需要补差额给客户；如果节能收益超出合同约定，双方可按合同约定比例共享超额收益。

8.3.1.4 设备融资租赁型

设备融资租赁型以融资租赁公司为中介，融资租赁公司购买服务商的节能设备并租赁给客户，在租赁期内按合同约定向客户收取租赁费用，而服务商为客户安装改造节能设备，保证节能效益。合同期结束后，融资租赁公司将设备无偿移交至用户，节能收益由用户独享。节能服务公司通过融资租赁模式拓宽融资渠道，扩大资金来源，这一模式在发达国家应用比较广泛。

8.3.2 分布式能源的主流商业模式

分布式能源就近实施分布式能源生产和服务，通过与用户的近距离对接，发挥灵活的调节控制能力，能够极大地提高能源的利用效率，具有良好的发展前景，由此衍生出多种商业模式，包括 BT、BOT、PPP、B2B2C 等经典商业模式。

8.3.2.1 BT(建设—转让)模式

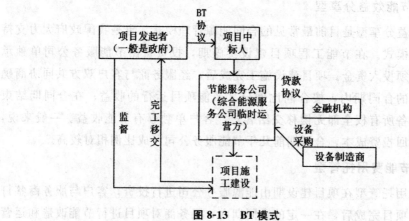

图 8-13 BT 模式

BT(Build-Transfer)即建设—转让(图 8-13)，BT 模式适用于总体数量大的分布式非经营性能源项目，项目发起者(一般是政府)通过招标选定项目施工方并签订 BT 合同，在融资过程中政府无须或仅需投入很少的资金，大部分资金来源于非政府投资方，项目完工后进行验收，达到相应标准后由项目发起人收回，项目发起人依据 BT 合同向施工方支付项目价款。这一商业模式委托专业建设方进行融资建设，有效降低了建设运营成本，增加了融资金额。但由于 BT 模式的相关法律法规尚不完善，比较容易引发信用风险和成本风险等多种不确定风险。

8.3.2.2 BOT(建设—运营—转让)模式

BOT(Build-Operate-Transfer)即建设—运营—转让(图 8-14)，BOT 模式包含了上述的 BT 模式，应用起来更加灵活广泛。通常情况下，由授予方(政府或相关部门)向综合能源服务公司颁布特许证书,准许其在约定期限内享有项目建设、经营与转让的权利,到期后向其收回各项权利。BOT 模式的实质是委托管理与经营,适用于资金量大、单体量小的分布式项目。BOT 模式主要应用于建设周期长、投融资门槛高的新建园区项目,盈利来源于公司经营利润和后期项目收购的利润。

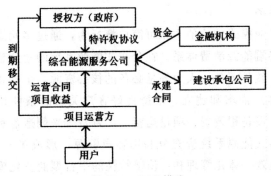

图 8-14　BOT 模式

8.3.2.3　PPP 模式

PPP(Public-Private-Partenership)模式(图 8-15)是指政府与私人机构之间,以特许协议为基础提供公共物品和服务而形成的经营合作机制。政府向金融机构担保支付一定的费用,这一费用在特许协议中就已约定形成,这一模式使得项目机构能较为顺利地获得金融机构的贷款,拓宽融资渠道,降低融资风险。PPP 模式在分布式能源领域的应用相对较少,主要应用在增量配电网和光伏电站项目中,但其发展易受政府审批、市场需求波动等因素的牵制,亟须建立更加科学完善的决策流程以及获取相关政策支持。

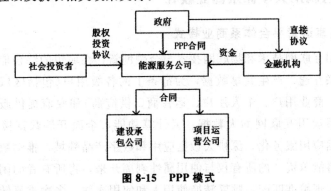

图 8-15　PPP 模式

8.3.2.4　B2B2C 模式

B2B2C 的服务模式,是指能源机构面向交易平台(B2B)和面向消费者(B2C)

模式的结合。"生产商—运营商—消费者"的商业模式有效缩短了交易链，降低了交易成本。生产者不仅是能源企业，也可以包括个人，即一种逻辑上买卖关系中的卖方。综合能源服务模式符合 B2B2C 的商业理念，一些售电公司除开展主营供电供气业务外，也开展公共交通、便利设施等服务，通过集中交易调度服务平台完成多能用户服务，这些公司也被称为城市综合能源公司，其商业模式的本质就是能源数字化服务。

分布式能源商业模式的价值主张可简单概括为，通过多元能源供应服务构建以电力为中心的终端能源消费体系。在分布式能源系统的运营建设过程中，设备供应、技术支持、软件服务、人力等是必备的核心资源，个性化、定制化的能源咨询服务是满足客户需求和建立、维持良好客户关系的条件和保障。在此基础上，依靠服务费、设备租赁费、项目运营、广告费等来创造盈利。在未来商业模式的构建中，分布式能源系统应充分利用客户资源，形成多方共建、风险共担、利益共享的综合能效一体化管理和价值链特性的平台型商业化模式，注重打通业务全流程，培养相关专业人才，夯实技术基础，助力能源服务可持续发展。

8.4 "互联网＋"城镇能源综合利用共享体系商业模式

在互联网时代，将互联网技术深度融合到城镇综合能源的生产、传输、存储、消费、交易过程中，实现城镇综合能源的智能化利用，形成城镇电、气、热、冷等综合能源的互联互通，实现多能协同发展的良好局面，大幅提升用能效率。本节以互联网技术为核心，对"互联网＋"能源体系的商业模式进行阐述。

8.4.1 综合利用共享体系商业模式

8.4.1.1 共享运营平台体系商业模式

通过使用互联网技术和物联网技术与金融创新，在城镇的综合能源领域实现人和物的互联互通，产生共享数据，为链条上的各级用户(包括区域级、城镇级的工业用户、商业用户、个人用户、运营商、供应商)和政府提供服务。该共享运营平台体系运用互联网的大数据、云计算功能，全面开展数据接入和融会贯通，实现数据应用服务化，深耕大数据应用和数字产品领域，推动数据运营。在此基础上，将能源资产的所有权与使用属性剥离开来，将所有者的闲置能源资产通过大数据实现精准匹配，频繁转换使用人和使用次数，多次重复转让给其他能源需求者使用，提升能源资产的使用效率，让闲置的能源资产释放共享的价值，发挥平台综合能源各项数据的共享作用。

1. 业务构建

以用户为核心，以生态构建为目标，以产品和服务创新为关键因素，主要包括业务引流、客户服务细分和交易体系构建(图 8-16)。

①业务引流是平台的入口，各种用户通过业务引流相互联系。在互联网技术的帮助下，获取城镇各业务系统的综合能源用户需求信息并进行后期匹配，同时为业务系统提供大数据服务支持。业务引流领域包括城镇中的国网电商、分布式光伏云网、车联网等。

②客户可以细分为政府、供应商、合作伙伴、综合能源用户四类。其中，为政府客户提供制定综合能源相关政策的支撑数据、宏观经济预测指数、行业景气指数等服务；为供应商提供城镇综合能源中的项目机会、设备供应、交易合同等服务；为合作伙伴(各类科研机构、规划公司、咨询公司、金融机构等)提供综合能源数据链条、智能服务、能源规划、资源整合、智慧光伏等服务；为城镇综合能源用户提供用能监测、余量调节、节能咨询、融资租赁等服务。

③交易体系包括银行支付结算、产权交易、产业链金融等体现商业行为的支付结算与金融衍生服务等。

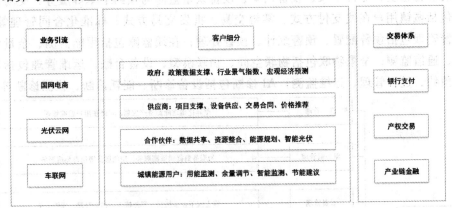

图 8-16 "互联网十"共享运营平台的业务构建

2. 平台应用

①业务应用层(图 8-17)是针对不同客户提供包括政务决策、能源仿真、能效业务、能源交易在内的差异化服务。政务决策是面向政府机构的，可以为用户提供城镇经济报告、城镇企业报告、行业经济预测、电力产业预测、能源消费报告等服务；能源仿真面向各种客户，既可以用来提供城镇不同场景下源网荷储领域的能源仿真模拟服务，还可以为城镇综合能源用户提供用能方面的仿真预测；能效业务和能源交易主要面向供应商、合作伙伴和综合能源用户，实现综合能源设备供应、用能咨询以及节能规划等服务的提供。

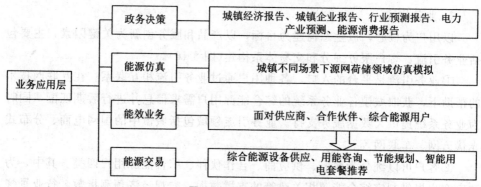

图 8-17　业务应用层

②应用服务层（图 8-18）为平台各种业务的展开提供应用管理。客户管理既可以监测、收集客户用能习惯，进行能源资产规划差异化推送，提高原有城镇客户的黏性，还可以对潜在客户进行追踪管理，挖掘新用户商机；服务商管理主要针对的是可以为城镇用户提供综合能源服务的商家或企业，为这些客户提供数据服务、用能服务的信息集成服务；设备管理是指通过共享运营平台可以提供线上线下的设备租赁、零件接入、设备档案、设备余量监测与预约下单等服务；交易管理包括城镇用户在线支付方式、零售交易、批发交易方式、标准化合同管理等；预警管理包括预警配置、预警统计、预警处理；在线监测包括用能监测、余量监测、通信监测；全景物联包括物联空间、物联模型、设备台账；运维管理包括运维预约、过程管理、运维监测；AI 诊断包括设备诊断、能耗诊断、检测诊断等。

图 8-18　应用服务层

在"互联网＋"时代，平台经济与数据服务的价值越来越高，利用大数据、云计算等技术搭建城镇海量数据共享平台，提供智能云服务，实现城镇综合能源利用的信息共享、技术共享、价值共享，使城镇综合能源链条上的人和设备实现互联互通，在数据共享的同时挖掘新的业务商机，产生新的业务模式，推动平台数据共享层次的提升。

例如，国家电网光伏云网、远景能源阿波罗光伏云平台等依托互联网技术提供电站智能监测、智能运维等增值服务，实现光伏链条上各种客户之间的数据信息共享。

8.4.1.2　"互联网＋"综合能源生产领域

在"互联网＋"的大背景之下，金融产业与互联网不断融合，分布式能源产业与互联网金融的互联互通既是时代所需，也是对城镇综合能源利用共享体系在分布式能源发展模式与金融投资战略实现共享的创新。目前市场上已有互联网众筹资金，用于开发分布式能源的商业模式。互联网众筹的分布式能源开发模式面向城镇各级用户，设定一定的认购份额，让用户参与到设备购买、电站建设、分布式能源建设中，降低投资门槛，实现想法和收益的共享。项目方可以"共享"出更多的收益，让城镇各级用户深度参与到项目的建设运营中，减少项目方与用户方信息不对称问题的发生；用户方通过时间和金融的"共享"，深度参与和现场体验"共享"项目发展带来的福利，从而让分布式能源的投融资方式变得更加多样化。

2014年2月19日，全球首个互联网众筹的1MW级分布式太阳能电站项目落户深圳前海新区。作为第一个众筹的光伏电站，采用股权众筹方式，仅限100名认购者，每份10万元，发起企业将协助第1期项目完成并网，确保电站的长期稳定收益。国家开发银行为资金管理方协助项目公司开设众筹监管专户，项目EPC承担带资建设、全程负责，从而确保施工质量和发电量。

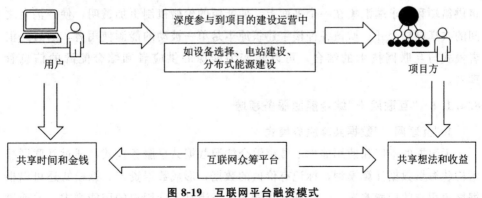

图8-19　互联网平台融资模式

8.4.1.3　"互联网＋"综合能源消费领域

随着城镇范围内屋顶太阳能、电动汽车、家庭蓄电池的规模化使用，分布式综合能源的推广逐渐走向常态化。拥有能源供应设备的城镇综合能源消费者，开始转变成为可以同时为城镇综合能源提供能源生产能力的产消者。大量具备能源交易资格的产消者开始涌入城镇交易市场，在满足自身用能需求的前提下，实现多余电量和设备以及城镇各级用户综合能源余量的共享(图 8-20)。

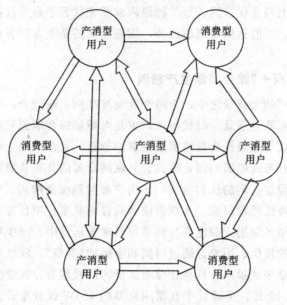

图 8-20　产消者模式

互联网技术的使用和推广可以使多元化产消者与单一型消费者之间的综合能源余量调节模式更加科学、合理，可以通过实时余量统计、快速分配实现综合能源的共享，提高城镇综合能源的利用效率。互联网技术在产消者模式上的应用，将供给端和需求端汇集在一个平面上，使能源的价格机制更加透明，使产消者之间的共享更加公开。城镇各种楼宇建筑原本是单一被动的能源使用者，通过产消者模式与互联网技术的结合，可以转变为能源的供应者和综合能源的信息管理者。

8.4.1.4　"互联网十"综合能源服务领域

1."互联网＋"数据共享服务模式

大数据的推广和使用催生了城镇综合能源数据共享服务模式，通过互联网技术构建海量数据计算模型，标记有价值的数据，形成数据资产。该模式还可以根据城镇用户的用能差异，实时推送用能套餐，满足不同用户的用能需求。并通过挖掘数据的潜在价值，为城镇范围内不同群体定制数据服务和数据增值服务，实现数据的共享运营，提高数据的共享价值。

2."互联网＋"电能服务模式

电能服务产业被称为能源界的"第三产业"，主要对水、电、热、气等能源消费，采取设备托管、负荷托管、电费托管、能源托管和虚拟调度等措施，实现智慧用能。互联网技术的使用实现了在线资源的共享利用，促进了城镇间跨层级、跨用户、跨设备的多方互联互通。与设备方共享数据，实现了各种城镇分布式能源设备的共享服务；与运营商共享数据，城镇各级用户可以选择不同的用能套餐，实现电费托管、能源托管；与政府数据贯通，推出补贴政策、激励措施实时查看等业务功能，实现各种业务变更的即时办结。

3."互联网＋"售能服务模式

为了最大程度地节约用能成本，可以利用城镇用户的用能数据，为用户开展能效监控、运维托管、抢修检修和节能改造等线上线下相结合的能源服务，提高能源服务质量，增加用户黏性。为降低交易成本，提升竞争力，运用互联网建设比价网站，供用户选择套餐及更换售电商服务。

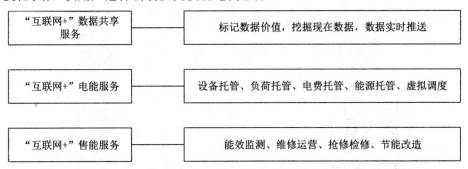

图 8-21 "互联网＋"综合能源服务

8.4.1.5 "互联网＋"综合能源市场交易

在城镇范围内，借助大数据算法制定出针对不同用能质量要求、不同用能时间段、不同用能需求量的差异化与个性化综合能源零售套餐，满足不同用户的用能特征和用能需求。在产能侧，运营商可以通过互联网比价网站，选择合适的能源供应商或上下游相关企业来进行业务合作、联合采购共享能源设备、提高综合能源利用效率有效减少运营成本，通过联合管理方式降低人力资源成本，提高管理效率。在用能侧，运营商根据城镇用户实际需求调整能源调配比例、用能时间、价格机制，提供多元灵活、经济实惠的个性化套餐，实现个人定制，满足用户差异化需求；同时，通过大数据资源和用户能源的产、用、储情况进行监控和预测，实现削峰填谷，减少能源浪费。如图 8-22 所示。

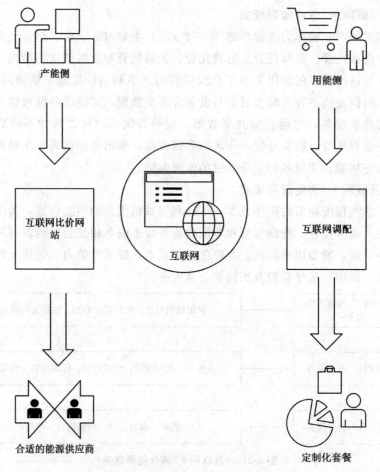

图 8-22 "互联网十"综合能源交易

8.4.1.6 "互联网十"数据增值

1. 工业企业数字化能效管理

运用互联网技术的计量设备，对企业包括电、气、热、冷等在内的能耗关键节点加装智能采集装置，实现数据在线监测与采集。根据企业用能模型，通过定量分析与定性分析相结合的方式，找出企业用能不合理的环节并分析其产生原因，实现企业能耗利用效率的提升，减少用能成本。通过监测收集城镇各级用户用能数据，进而对能源供应量、使用量进行分析预测，有效调节能源供需，引导各级用户合理安排生产时间，优化生产运营的效率，实现综合能源的共享。对各级用户的基本能耗费用和弹性能耗费用进行分析，提出个性化解决方案，帮助各级用户有效降低能耗费用。对标优秀能耗企业，全方位多角度摸索用户能耗情况，生成能耗对标报告，为各级用户提供更直观的能耗使用表，帮助用户提高用能效率。

2. 基于用能标签数据的商业选址

城镇的区域人口密集程度、经济发展状况、消费者活跃程度，都可以被用能数据客观反映出来，因此使用互联网技术收集起来的用能信息可以满足该城镇用户的各种决策需求。利用用能标签和数据标签，准确把握商业选址要素，运用各种数据的交互查询，在地图上实时计算与匹配，提高商业选址的精准度，减少选址周期，在合理性与实用性方面提供最大程度精准化，给出选址建议。

8.4.2　互联网技术在综合能源利用共享体系中的案例分析

8.4.2.1　项目介绍

珠海市"支持能源消费革命的城市-园区双级'互联网＋'智慧能源示范项目"，立足于该市多能综合需求大、用户信息管理困难、能源价格机制不完善等现实问题，运用互联网技术，实现了区域综合能源的多能协同运作、珠海市分布式能源的智能化管理，还衍生出了智慧用能服务等一系列商业模式的创新。

8.4.2.2　互联网商业模式

1. 多能协同运营

在生产端，横琴区域分布式能源快速发展，存在天然气、光伏发电、水力发电等多种可再生能源发电形式，综合能源供给形式呈现出多样化特征；在消费端，综合能源市场用户需求多元化，存在各式各类的用电需求、用气需求、供热需求、供冷需求，并且多能综合需求的规模也越来越大。通过互联网技术对横琴区域内电、气、热、冷等综合能源的生产、传输、存储过程实时监测，进行全过程的数据采集和信息集成，运用数据模型对各环节的运行情况和利用效率进行系统规范分析。针对多能转化困难的问题，开展多能源系统元件级建模研究，运用大数据、云计算，提供智能设计与规划等服务，定期或不定期地对原有的电制冷设备、电池储能系统等进行智能调配和控制，并将优化改进方法推送给客户和运营商，实现城市复杂能源系统的智能化配置，确保该区域多能协同运营，提高区域综合能源利用效率。

2. 分布式能源管理

地区电网中分布式能源的大量接入，主网和配网之间的能源依存度更高，电网公司由单向供电业务提供者转换为双向供电业务提供者，互联网技术发挥着单、双向业务沟通转换的桥梁作用。同时分布式能源大量涌入能源交易市场，珠海市建成智慧能源大数据云平台，实现了内外部能源数据的集成和管理，并提供能源数据共享服务；搭建了云平台内外网环境，通过数据脱敏等技术手段实现安全访问，满足弹性调整需求。互联网技术的使用可以实现能源使用数据的多角度、全方位统计，对电网能源进行即时调节，减轻高峰时段的用能负荷，加大低谷时段的能源存储，有效解决供需不平衡问题。还将互联网思维融入了分布式能源运营、交易的解决思路中，对分布式能源进行智能管理：对珠海全市综合能源设备进行数据统计、信息采集，监测分析分布式能源设备运行情况；动态预测区域内分布式能源供给情况，提出调度建议；建设虚拟电厂，智能调峰调频；支持分布式能源用户就近交易；提供分布式能源的规划、设计、安装、托管、报修等服务。

3. 智慧用能服务

建设智慧能源运营平台，为能源企业、售电公司、用户、分布式资源所有者等各类市场主体提供参与能源互联网运营的渠道设施，创新综合能源服务模式。支持和引导分布式能源用户直接参与市场交易，拓宽市场主体；依托互联网的大数据收集供能，监控、分析、预测各级用户的用能习惯、用能偏好，设置差异化能源服务产品和套餐。针对售电公司提供智能售电服务，依托云计算，智能推送用能合同，增加营销的准确性；针对用能大用户提供用能监控、能耗分析、节能规划、异常处理等服务；针对居民用户提供可视化用能账单、定制版用能套餐，如固定价格套餐、超量折扣套餐、保底分成套餐等；针对政府用户提供数据共享服务和用能征信体系建设。

8.5 区块链和数字技术下的城镇综合能源利用共享体系商业模式

能源变革进程大幅提速，推进能源革命，加快数字化发展，这是"十四五"以来优化能源资源配置的形式与要求。区块链以其公平、透明、去中心化的技术特点，与能源互联网发展方向良好契合；以其点对点的交易模式，进行能源生产、能源交易以及能源资产投融资等，极好地降低能源交易成本，增强能源交易可信性。而在数字经济和能源系统高质量发展并行的时代，数字和能源的深度融合将使生产力、生产关系和生产要素发生全面变革，为包括能源的供给、消费、体制和技术等在内的多个领域提供了全新的发展空间，为社会经济发展提供了新的助推力，进而形成了数字能源的新模式。

8.5.1 "区块链＋城镇综合能源利用共享体系商业"模式

能源行业正面临巨大的结构性变革，传统的"生产者－消费者"能源流动越来越分散，分布式市场模式正逐渐取代集中式多级能源管理模式。

能源区块链是一个复合概念，顾名思义，即应用区块链技术发展能源互联网的一种商业模式。区块链与能源互联网在技术和理念层面具有内在关联性，区块链去中心化、不可篡改、可追溯、开放透明等特性能够很好地解决日益复杂的能源交易网络带来的信任问题，以及平衡区域内供需的智能化调控。

区块链与能源系统的结合契合当今数字化、标准化、平台化的能源系统转型要求，有利于实现高效率、低成本的能源交易。近年来，全球能源区块链技术的应用相继出现了多个示范项目，但其应用仍处于小范围试点试验阶段。国内各能源企业也积极推进能源区块链技术。2019 年 10 月，国网区块链科技(北京)有限公司正式成立，对能源区块链技术的探索和应用仍是一片待发掘的宝藏。

8.5.1.1　能源区块链应用场景分析

"区块链＋能源"具有广泛的应用场景，涵盖能源生产、能源交易、能源资产、智能服务等领域。

1. 能源生产

传统能源生产的各个环节多由能源公司自主进行。区块链技术挖掘了能源生产各环节的数字化管理，能有效降低能源生产行业的准入门槛，在此基础上开拓的商业模式更加灵活多样。

能源市场中应用区块链的电力行业占据了最大的市场份额。以电力系统为例，传统的能源输送模式依赖于集中发电厂在配送电线路上输送电力，即俗称的电网。而微电网指的是局部电网，必要时可以连接或断开与传统电网的连接，微电网利用风能或太阳能等绿色能源为区域内负荷供电。

2. 能源交易

能源区块链技术的主要应用就是点对点能源交易领域。区块链为执行交易提供了一个可信任、高效率的分布式数字账本。能源交易分为批发能源交易和零售能源交易两大类。引入区块链技术，系统可以按预先商议好的条件自动执行买卖条款，点对点交易不需要第三方人工介入，去除额外交易费用，不仅大大提升交易效率，还能有效降低交易风险。

去除中间环节，无缝对接绿色能源的生产者和消费者。消费者可以从分布式能源中获取所需能源，同时也可以将自己多余的能源再售卖给电网或其他消费者。这样一种电力转移意味着能源共享经济的到来，能源共享体系的商业模式也在能源交易中逐步成熟。

3. 能源资产投融资

能源行业资产虽然收益稳定，前景可观，但前期所需投融资巨大，且具有不稳定性。透明化可追溯的区块链技术能增强资产细节性、增加投融资过程透明度、加快投融资进程。

4. 智能服务

智能合约的应用可以帮助能源企业开发多样化、个性化的智能增值服务。多样交易业务和支付业务，使消费者能有效掌控能源使用，降低能源费用。除基础的分布式能源使用服务外，能源企业还可以借助区块链技术开发远程服务、个性化套餐设计、能效测评等业务。以智能电表为例，区块链能管理智能电表数据收集和计量，并实时监测数据交易，从而保证用电和售电数据的真实性。

8.5.1.2　基于区块链技术的综合能源共享体系

1. 综合能源系统

综合能源涵盖电力、燃气、冷热等多种能源资源，综合能源可以理解为多种能源形式的协同优化。综合能源体系一方面满足了消费端多元能源需求，另一方面能实现能源优化和能效提升。随着经济高质量发展阶段的到来，能源产业转型加速，综合能源系统成为能源互联网发展布局重点。综合能源系统以能源互联网为导向，其推广和构建具有极强的行业属性，不仅需要强大的技术支撑，而且要考虑海量数据带来的安全问题。综合能源产业业态模式包括综合能源系统和综合能源服务两大类，综合能源系统负责多能源生产供应，综合能源服务即多服务、综合运营技术、管控平台技术。

2. 综合能源系统架构

园区综合能源整体架构简单来说包括物理层、信息层和服务层(图 8-23)。物理层作为物质基础，实现的是多元能源的生产供应、传输等功能。信息层是数据控制中心，作为综合能源智慧平台，利用能源大数据收集与分析技术进行数据的交互共享，完成能源交易。服务层提供多元能源服务，提升能源整体利用率，如电动汽车共享充电桩的建设、能源余量交易、开展个性化能源套餐定制等多项服务。

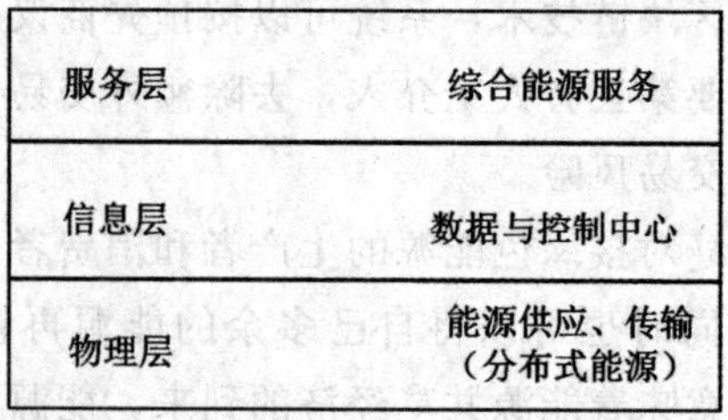

服务层	综合能源服务
信息层	数据与控制中心
物理层	能源供应、传输 (分布式能源)

图 8-23　综合能源系统架构

3. "区块链+综合能源服务"模式

区块链能源系统的建设与服务主要分为以下三个方面。

①基础服务。基础服务即能源的使用和消纳。在已有能源站的基础上，利用分布式能源技术为用户建设实时能源交易系统，提供电力、冷热、燃气等多种综合能源使用，收取能源供应费用。

②消费服务。消费服务包括节能咨询服务、用能规划服务、运营维护服务、能源托管服务等。负责全方位全周期的能源运维服务，通过能源监测和能效管控，利用智能服务平台的大数据丰富综合能源服务内容，真正实现一切以用户为中心的需求，满足能源行业供给侧改革的本质要求。

③增值服务。能源增值服务涵盖范围较广，包括为部分用户提供高端的用能设备及产品、电动充电桩服务、设备租赁服务、个性化定制服务、多领域延伸的能源增值服务和收取设备租赁价差与专业化优化服务费。

"区块链＋综合能源服务"模式(图 8-24)可以利用区块链的去中心化、分布式、不可篡改等特性，将复杂的数据妥善处理并加强信任。综合能源服务商可借助交易区块链网络与金融机构、政府、售电公司等交易，每一笔交易都有迹可循，共同建设能源服务平台。用户端可体验"供售能＋综合服务"的模式，使用户具有能源利用的完整体验。此外，多元能源源端建设可整合微网、虚拟电厂、个人售电公司等参与，根据技术现状和能源特征进行能源单(双)向转换与存储，真正实现能源共享模式。

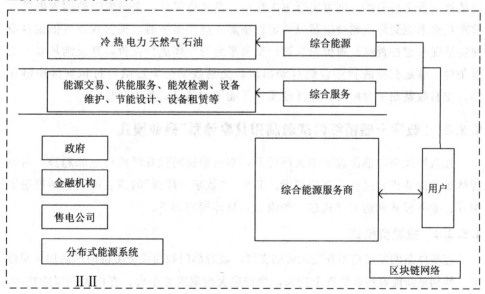

图 8-24 "区块链＋综合能源服务"模式架构

4. 应用区块链技术的能源交易模式

随着分布式能源技术的发展，参与者众多，单笔交易量小的分布式能源交易逐步成为发展重点。这里以电力交易为例提出了基于区块链的分布式电力交易总体思路。利用区块链去中心化和分布式能源间的物理耦合性，达成能源间的同步优化和实施转化。如图 8-25 所示。

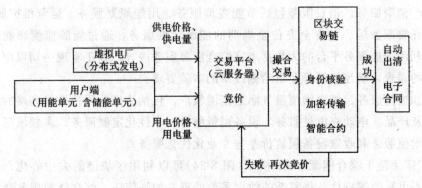

图 8-25　应用区块链的分布式能源交易模式

这里关于竞争性用能模式做简略说明：供能主体和用能个体通过区块节点传输各自的供需能信息及价格，至交易平台进行第一次竞价，交易双方信息进入区块链进行交易双方身份核验、关键数据上链存证，若信息满足交易，则经撮合匹配后自动出清。交易合同经买卖双方签名后立即生效，交易费用依据智能合约自动结算。若交易失败，则可进行再次竞价。具体思路是：交易失败的闲置电量与首次竞价未能交易的剩余电量以一定价格融入虚拟能量池，买卖双方可依据自身现实情况考虑是否修改报价再次进行交易平台与个体进行竞价，直至满足双方交易条件。满足交易的智能合约自动出清，交易数据分类后哈希打包到区块链存储，交易收益归平台所有，这样便实现了能源的共享式集中交易。

8.5.2　"数字＋城镇综合能源利用共享体系"商业模式

在数字经济与能源改革的大环境下，本书根据时代发展的特点和趋势，对能源体系的商业模式进行了新的探索。其中，"数字＋能源"的商业模式包括投融资模式、业务模式和运营模式这三种模式，具体探究如下。

8.5.2.1　投融资模式

能源体系的发展离不开投融资的支持，政府部门和相关金融机构不断加大对能源，特别是新能源行业的资金投入，为推进大数据服务平台、支持人工智能技术，为能源体系的深化发展奠定了良好的基础。目前，我国能源系统项目融资方式主要是国内大型金融机构的信贷支持，还有部分是企业自筹、政府补贴和少数的股权融资，然而这些传统的投融资存在形式单一、银行投融资门槛高和资金成本高等问题，无法有效满足数字经济时代下能源体系的资金需求。在数字能源时代下，需要利用能源行业发展特点创新投融资模式，新型的能源投融资方式运用而生。

1. 数字金融为投融资助力

数字化为各行各业提供了新的发展方向，数字金融应运而生，已成为未来金融业发展的主要方向。数字金融指利用数字技术来实现融资、支付、投资等活动的一种新兴金融业务模式。数字金融依靠大数据和云计算等信息技术重塑了金融生态，是金融与科技相结合的产物，使传统金融行业的交易模式得到创新，并极大地提高了资金融通的速度与效率。数字金融在互联网技术的支撑下模拟出多元化的应用线上场景，避免了线下交易空间狭隘的不足，也降低了融资门槛和融资成本，能够涉及包含更广泛的尾部群体，拓宽了能源企业的融资渠道。与此同时，大数据、人工智能和区块链等技术的应用可帮助获取更精准、全面、及时的市场交易信息；解决了资金融资过程中信息不对称的问题，不仅有效识别融资主体的资金需求，还提高了风险识别和处置的效率，为能源市场交易做出科学决策提供了可靠的依据。此外，数字金融还具有政策性和导向性，随着数字金融与实体经济相互渗透与融合，金融行业外部环境得到不断优化，随之金融产品和服务趋于多元化，利于解决银行信贷模式单一造成的融资困难等问题，提高金融服务效率。基于上述分析，数字金融不仅优化了金融生态环境，还有助于解决能源企业融资难和融资贵的问题，为缓解企业投融资压力提供了新的思路。

2. 搭建国际化众筹平台

①国际化众筹平台

在国际经济和国际金融领域，众筹平台逐渐走向国际化，已成为金融投资行业发展的新动向。在当今数字经济时代，全球价值链在不断转型，造成企业的全球价值创造活动方式也发生重大变化。在全球经济国际化进程中，众筹平台与全球企业利益相关者不断进行网状连接和互动，提升了投资者和融资者价值创造的能力，实现了全球价值共创的新格局。

随着数字经济的兴起和深入发展，数字化的技术促进众筹平台的顺势发展。一方面，数字技术拓展了众筹平台的业务范围，促进了数据的流动和共享；另一方面，依托于数字技术，使生产要素具有可传播性、可编码性和可复制性，促使众筹平台的交易成本降低和减少了资本约束，以实现规模经济。此外，数字技术缩短了全球的空间地理距离，加速了资本要素的跨境流动，使得众筹平台能够迅速、及时地获取来自全球各地的数据和信息，降低了线下空间距离的生产成本，使全球用户相隔千里也能实现实时交流。由此可见，数字技术不仅整合全球资源、提高效率，还为全球经济共同体的构建打下了稳固的技术基础，其影响范围可以上升至全球战略。

众筹平台作为中介组织，其运行本质上就是收集供给端和需求端的信息并反馈给对方，以更好地实现二者之间的良性互动。中介组织不仅能降低信息的不对称程度，还能监督和协调供给端与需求端，提高交易双方的信任程度。从经济市场来看，众筹平台连接的是融资者与投资者，它们本质上就是资金的供需主体，平台上的交易对象较为特殊，主要是股权、债权、远期产品或服务、金融衍生工具等，具体的绩效测量和实例也因项目的不同而存在差异。

②国际化众筹平台的商业模式

a. 结构嵌入与关系嵌入

国际化众筹平台通过网状的结构嵌入，连接起包含投资者和融资者等利益相关者在内的国际网络，整合了市场交易中难以获取的稀缺资本和信息资源，例如：市场机会、技术知识等。与此同时，通过借鉴国际化众筹平台的连接方式，也给国内外投资者与融资者强化自身网络提供了有力的参考，增加了网络连接的跨度和网点数量。此外，众筹平台的网络中心度越高，网络连接范围越大，网络中的利益相关者从其中获取的数据信息和资源就越多。其原因有两个方面，一是众筹平台利用自身优势，可在大范围内推广资本项目及吸引更多的资本，方便投资者与融资者更快捷地获取市场数据信息，从而做出有利的决策，提高双方交易的可能性，进而促使资本加速流动，提高了投融资市场的资本配置效率。除此，在此平台上，不同来源的资本可以产生互动，为后续的标的选取和企业联合投资奠定基础；二是众筹平台由于网络联系范围较广，为个体及商业组织的知识借鉴与融合提供了有利渠道。例如，众筹平台为不同知识模块间提供了非冗余连接，方便网络中各组织获取多元化的技术知识，实现技术知识共享。相对于投资方来说，它可以通过众筹平台与筹资方及其他投资者进行实时沟通和交流，既能及时获取资金项目数据信息与交易意向，也能从中发现和获取新的投资机会。相对于筹资方来说，通过众筹平台，可以与投资方及众筹平台中的其他客户进行市场信息与知识互动，方便深入了解市场的需求，加强对行业的认识，促使其不断改进市场所需的产品和服务。

国际化众筹平台通过关系嵌入，在融资者和投资者之间建立了互信机制和互惠规范。互信机制可有效降低交易成本，减少机会主义行为的发生。互惠规范保障了数据及资源信息的获取与利益和资源数据回报之间的平衡，也就是说，众筹平台上的每个市场主体一方面可以从众筹平台中获取资源信息，另一方面也要回报数据资源的提供者，给予其报酬补偿。众筹平台通过建立上述的互动机制，促使投资者和融资者之间的资本高效流动，使境内外资本流动更加频繁和通畅，也利于投资者和融资者发现新的市场机遇，获得更多的项目和资金支持。除此之外，众筹平台的关系嵌入有利于技术知识的相互转移、借鉴吸收和深度融合，尤其是隐性知识的相互转移，因为其转移的实现一般需要依靠网络组织间强大的连接关系。因此，在互信机制和互惠规范的基础上，增强平台中网络关系的嵌入程度更有利于获取和挖掘隐性知识。另外，众筹平台较强的关系嵌入，有利于保障相互转移的知识和数据信息的正确性，有效避免其在传递过程中被传输错误的情况，促使技术知识高效互动。

b. 外部制度中介与内部治理中介

当前众筹逐渐趋于国际化发展，在此背景下，投资者与融资者提升自身的合法性是抵御外来风险的关键。基于此，众筹平台根据国际法律法规，制定一套相应的平台制度规范体系。融资方要确保自身具备相应的资质，并保证遵守国际化众筹平台中的规则和相关国际法律法规，在平台上提供项目之前需要首先提出申请，经众筹平台审批合格后方可获取融资权限。同时，投资方也要严格遵守众筹平台的规则，并在法律法规允许的范围内进行投资。随后，众筹平台为平台中上线项目的质量做出权威保证，赋予投资方和融资方合法性，实时监督各方是否遵守法律法规，保障各方交易的公平性。由此可知，众筹平台发挥了制度中介的作用，既赋予双方的合法性，保证平台交易有序进行，又便于投资方与融资方适应双方的制度差异，迅速融入共同适用的制度环境中。另外，制度得到充分保障也可促进资本和知识加速流动和融合，实现技术知识的共享。

为维护投资方与融资方的合法权益，国际化众筹平台利用大数据、人工智能等技术对平台中各用户资料进行整合并公开披露，有效减少了机会主义和违约行为发生的可能性，充分发挥治理中介的作用。具体的内部治理如下：众筹平台首先甄别采集的数据信息，并审核项目，为投资判断提供参考，平台还可根据项目的风险程度和个人征信对其进行信用综合评级并公开披露评级信息，通过公开披露向投资者传递关于项目风险与质量等相关信息；其次，平台通过建立良好的互动网络体系以便于投资方与融资方实时相互沟通和反馈信息，并促进技术知识的快速流动；最后，平台可以建立履约促进机制，以鼓励交易双方完成履约义务。例如，平台可以为项目提供本金或本息担保，以增强投资者信心，利于双方兑现承诺，降低交易双方因各自的制度差异和文化差异等产生的额外交易成本，推动双方之间的资本互动。

8.5.2.2　业务模式：数字能源交易平台

数字能源交易平台作为一个公开透明的交易平台，可以提供实时的能源供需数据和信息，将能源系统中各主体的信息和动向公开透明地展现在数字能源交易平台上，这可以有效地解决能源交易市场中信息不对称的问题，快速进行价格发现并自动触发能源交易。与此同时，该平台还可以利用数字技术，共享开放能源系统的相关数据和信息，以解决智力不对称问题。例如，首先在数字能源交易平台中共享能源数据，实现精确的能源供需价格预测；其次，利用区块链加密技术，保障能源交易的可信度，使能源交易能够顺利进行；最后，通过包括深度学习、人工智能在内的诸多智能算法，搜集整理大量的数据并进行模拟预测，为能源交易各方提供多样化、个性化的交易策略。

通过此平台，能源交易各方还可以进行多种类型的能量交易模式，例如，B2B、B2C、C2C 和 C2B 等交易模式。以电力行业为例，在数字能源交易平台上，售电商或大型用电客户能直接与发电厂进行 B2B 交易；为方便用户进行自主选择，鼓励售电商设计配置不同的售电套餐并在平台上进行出售，以实现 B2C 的能量交易模式；数字能源交易平台还可以支持类似"电力淘宝"的 C2C 业务，主要适用于小用户间互济余缺式的电能交易类型，该业务模式使能量交易更加自由化和电子商务化；除此之外，用户在平台上可以自行发布其特有的用能需求，而售电商根据需求进行"摘牌"，为其提供个性化的定制套餐，以实现个性化的 C2B 能源交易服务。

8.5.2.3　运营模式

数字化能源平台在不同阶段发挥的作用不同，因此，其商业模式在各时期也会据此发生变化。按照时期可以划分为运营初期、运营中期和运营后期。

1. 运营初期

在平台运营初期，数字化能源平台是一个数字化运营平台，简称 STDC，其运营模式如图 8-26 所示。

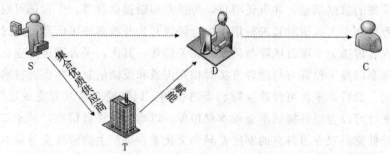

图 8-26　能源数字化运营模式

其中，S 代表能源的供应方，即能源的生产者和供给者；T 代表中间商，即数字化平台和技术的提供者；D 代表能源产品和服务的分销商，主要包括能源企业总部、直属分布及子公司；C 代表客户，即数据化能源平台的终端使用方。

在前期阶段，能源数字化商业运营模式具体如下。

①T（中间商）提供数字化技术和服务，搭建数字云平台。

②能源的供应方，也就是能源的供给者在数字云平台上提供能源品和服务，可以制定能源产品套餐，中间商通过数字云平台整合所有供应方提供的供货资源，并筛选出优质供应商和其提供的产品和服务，方便分销商集中使用。

③中间商给分销商赋能，例如，为分销商提供技术服务、接入服务和SAAS工具等，以节约独立开发的成本。

④分销商可以利用自身优势和丰富的客户资源向能源用户推广和出售平台中的产品和服务。

2. 运营中期

在平台运营中期，数据化能源平台就是助力能源集团打造成能源"大管家"的一个平台。其具体运营模式如图8-27所示。

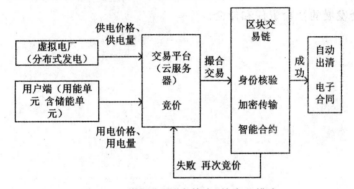

图8-27 能源集团"大管家"的商业模式

在图8-27中，云平台就是指数字化能源云平台；头部企业包括能源企业和能源集团中的龙头企业。客户指数字化能源云平台中产品和服务的最终使用方。其中，头部企业是整个能源产业链中的核心企业，其上下游产业中连带着很多关联公司。在产业链上，只要获得头部企业客户的产品和服务认可，就能够服务其产业链上下游的大量企业。由于头部企业的业务最复杂，客户量最大，资金和技术都领先于同行业其他企业，头部企业的发展方向会引领整个能源行业的发展方向，是能源行业的领导者，因此，头部客户的业务需求是能源需求中最主要的需求，在云平台中进行头部企业与客户间的能源交易业务具有较强的使用价值。

在中期阶段，能源数字化商业运营模式具体如下。

①数据化能源平台不仅为能源用户提供产品和服务，还要向头部企业提供能源产品和服务，积累沉淀业务。

②头部企业具有灯塔效应，利用其自身优势可以辐射能源产业链上下游中更

多的相关企业。

3. 运营后期

在平台运营后期，数字化能源平台是一个构建数字化能源生态圈的平台。后期数字化能源平台的商业运营模式是由赋能为主逐渐转变为互利共生为目标的生态模式，以建立数字化能源生态圈为最终目标。整个能源系统将逐步形成能源集团与供应商、客户和合作伙伴之间互利共生的生态模式，以实现能源信息和资源的共享。

在数据经济时代，"数字＋能源"是未来能源体系的必然趋势，对能源行业来说，数字化发展既是机遇，也是挑战，对传统的发展理念、组织管理、技术水平和生态保护提出了更高的要求。因此，能源系统应以开拓创新、融合、共享的视角，掌握大数据、人工智能的高新技术，夯实数据技术建设，充分挖掘数据资产的内在价值，牢牢抓住数字化带来的机遇，大力发展能源数字经济，肩负起能源行业对社会发展的社会责任和使命。

第9章 城镇综合能源共享系统案例

城镇能源系统是集能源生产、互联、转化、耦合和消纳等功能于一体的微型综合能源供销系统，它既可以是独立的局域网，也能够成为广域能源互联网的一部分。本案例中城镇能源系统输入端以一次能源天然气为主，太阳能等清洁能源为辅，终端能源消纳表现为电、热、冷三种能源形式，为燃气冷热电三联供，具体能源用户分类为居民负荷、办公负荷、商业负荷、电动汽车充电站等负荷类型。另外，城镇能源系统连接外部大电网，采用并网不上网的方式，外部电网向微网系统单向传输电能，即该系统电能不足时从外界获取所需电能，系统结构如图 9-1 所示。

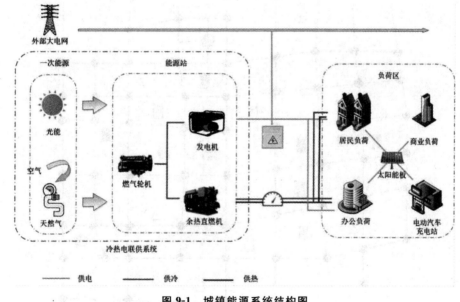

图 9-1 城镇能源系统结构图

9.1 城镇综合能源共享系统"站-网"架构

在图论中，将图的信息定义为 $G=(V，E，W)$，其中 V 为图上的顶点集合，E 为连接顶点的边集合，W 为边的权重。基于图论思想，城镇能源系统中道路节点、能源站以及负荷节点可以用顶点集合表示，道路和能源管道可以用边集合表示，道路和管道相关信息可以用边权重表示，城镇能源系统"站-网"结构如图9-2所示。在图9-2中，$V=V_1 \cup V_2 \cup V_3 \cup V_4 \cup V_5$，且任意两个集合没有交集。其中，$V_1$为道路节点和道路中间节点集合，在图中道路节点用实心圆表示，道路中间节点为负荷节点向道路作垂线的交点，如图中负荷点1所示，虚线与实现的交点为道路中间节点；V_2为居民负荷点集合，用矩形表示；V_3为办公负荷点集合，用五边形表示；V_4为商业负荷点集合，用圆柱体表示；V_5为电动汽车充电站集合，用三角形表示；E集合表示道路以及负荷的直接连接情况；W为边上的权重信息，本书将其定义为能距以及拥堵信息。

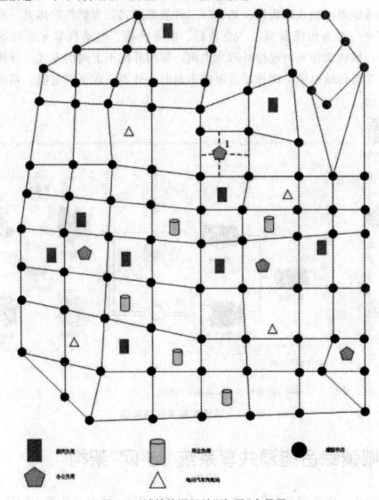

图9-2　城镇能源系统"站-网"布局图

9.2 城镇综合能源共享系统布局

在城镇综合能源共享系统"站-网"图中，要找出最佳的能源站数量、位置以及供能管网的铺设路径，才能实现能源共享利益的最大化。在确定供能管道铺设路径时，需要先找到连接各个负荷点的"最短路径"，本书基于最小生成树，通过 Prim 算法求出最小生成树，随机指定 $k(k=1，2，3，\cdots)$ 个负荷中心为能源站，并将负荷分配给和它距离最近能源站；依据最小生成树将城镇中的所有负荷点沿道路连接，管道走向初步形成，并进一步将负荷中心进行有效分类，根据负荷坐标及其综合负荷量计算聚类中心，以道路权重作为迭代指标，不断迭代直到能源站的数量收敛为止；按照"站-网"布局模型计算每个 k 能源站数量下的目标函数值，最终获得能源站数量、位置以及管线布局的协同最优解。布局模型目标函数为能源站经济成本、管网经济成本以及碳排放成本之和最小。

9.2.1 权重的界定

在能源站选址与管线规划中，既要考虑管线的经济性还要充分考虑负荷需求的时差性，特别是满足高峰负荷需求，因此，城镇能源系统网络图中边的权重用能距与管道拥堵系数的乘积，用 $w_{v,v'}$ 来表示，即

$$w_{v, v'} = \mu_{v, v'} * d_{v, v'}$$

其中，$\mu_{v,v'}$ 代表管道拥堵系数，$d_{v,v'}$ 代表能距。

1. 能距

在城镇能源系统网络图 $G=(V，E，W)$ 中，$\forall v，v' \in V$，且 $v \neq v'$，顶点 v 至顶点 v' 铺设管道的费用年值可以用能距 $d_{v,v'}$ 来表示，即

$$d_{v, v'} = C_{o, v, v'}^{\mathrm{PL}} \frac{r(1+r)^L}{r(1+r)^L - 1} + C_{m, v, v'}^{\mathrm{PL}}$$

其中，PL 表示管道，r 为利率，L 为管线寿命年限。$C_{o, v, v'}^{\mathrm{PL}}$ 表示能源的管线初投资，$C_{m, v, v'}^{\mathrm{PL}}$ 表示管线的年折旧、维护费用，其计算公式为

$$C_{o, v, v'}^{\mathrm{PL}} = L_{v, v'} (\partial_e \Phi_{e, v, v'} + \partial_h \Phi_{h, v, v'} + \partial_c \Phi_{c, v, v'})$$

$$C_{m, v, v'}^{\mathrm{PL}} = (\mu_1^{\mathrm{PL}} + \mu_2^{\mathrm{PL}}) C_{o, v, v'}^{\mathrm{PL}}$$

其中，$L_{v,v'}$ 表示管线的长度，单位为 m；α_z 为供能管道单位长度、单位容量的建设成本，$z \in \{c，h，e\}$，$c，h，e$ 分别为冷、热、电能源类型，单位为元/m·kW；$\Phi_{z,v,v'}$ 表示管道容量，单位为 kW；μ_1^{PL} 为管线的折旧率费用，μ_2^{PL} 为管线的维护费用系数。

2. 管道拥堵系数

城镇内的负荷通常包含多种类型，而不同类型的负荷，其日负荷时间序列表现有所不同，如办公区域的负荷需求主要集中于白天时段，居民楼的负荷需求集中于夜间时段。由此可见，居民负荷和办公负荷具有一定的时序互补特性，可以通过用能峰谷相互错开，有效提高城镇能源系统"站-网"设备的利用效率，实现能源系统的经济建设。本文引入管道拥堵系数来表示各个负荷间管道的拥堵程度，即

$$\mu_{v,\,v'} = \sum_{z \in \{e,\,c\}} \frac{1}{(q_{v,\,z}^d - q_{v',\,z}^d)^2/(q_{v,\,z}^d + q_{v',\,z}^d)^2 + (q_{v,\,z}^n - q_{v',\,z}^n)^2/(q_{v,\,z}^n + q_{v',\,z}^n)^2}$$

$$q_{v,\,z}^d = q_{m,\,z} \times F \times \gamma_{m,\,d}$$

$$q_{v,\,z}^n = q_{m,\,z} \times F \times \gamma_{m,\,n}$$

式中的 $q_{v,z}^d$，$q_{v,z}^n$ 分别代表负荷白天和夜晚时段的负荷需求，e 代表电负荷，c 代表冷负荷；$q_{m,z}$ 表示 m 类型建筑单位建筑面积负荷功率，单位为 kW/m^2，F 表示建筑物的总面积，单位为 m^2，$\gamma_{m,d}$ 和 $\gamma_{m,n}$ 分别为 m 类型建筑白天和晚上的同时使用系数。

由于全年分为供热和供冷季节，且热负荷和冷负荷的分布大致相同，故在计算负荷间拥堵系数时仅考虑电负荷加上冷热负荷两者中一个即可，这里用冷负荷进行运算。

9.2.2 综合负荷量

城镇负荷主要分为居民建筑、办公楼、商业楼和电动汽车充电站四种类型，不同的建筑负荷类型有不同的用户群体、作息时间、室内空调计算参数和空调运行时间等，因此相应的建筑负荷冷、热、电负荷特性也有所不同。采用单位面积指标法对不同类型建筑进行负荷预测，估算它们的负荷需求，即

$$Q_{i,\,z} = q_{v,\,z}^d \times 12 + q_{v,\,z}^n \times 12, \ z \in \{e,\,h,\,c\}$$

式中：$Q_{i,z}$ 表示建筑物对 z 类型能源一天的负荷需求量，单位为 $kW \cdot h$。

考虑到负荷中心的冷、热、电负荷年使用时间存在较大差异，需进行标准化，故引入综合负荷量，同时，负荷端引入了屋顶光伏发电，这一部分发的电能需要在用户实际需求电负荷中减去，即

$$Q_i = \frac{T_c}{T} Q_{i,\,c} + \frac{T_h}{T} Q_{i,\,h} + \frac{T_e}{T} Q_{i,\,e}$$

其中：

$$Q_{i,\,e} = \begin{cases} Q_{i,\,e}^{real} - E_{p,\,r}/365 & q_e^{real} \geqslant E_{p,r} \\ 0 & q_e^{real} < E_{p,r} \end{cases}$$

式中：T 代表年供能天数，T_c、T_h、T_e 分别代表供冷、供热、供电天数；$Q_{i,c}$、$Q_{i,h}$、$Q_{i,e}$ 为负荷点一天所需要能源站提供的冷热电负荷量，单位为 kW·h；$Q_{i,e}^{real}$ 为负荷点一天实际需求的电负荷，单位为 kW·h；$E_{p,r}$ 为负荷点一年的屋顶光伏发电量，单位为 kW·h。

预测光伏年总发电量，单一建筑的年发电量公式如下，即

$$E_{p,r} = A_{pz} \times G_p \times \eta \times \lambda$$

$$A_{pz} = A_{pr} \times \beta$$

式中：A_{pz} 为屋顶光伏组件面积，A_{pr} 为屋顶光伏可安装面积，β 为光伏组件系数，$E_{p,r}$ 为屋顶光伏年发电量；G_p 为光伏组件所接收到的辐射量；η 为理论测试的光伏模块转换效率；λ 为光伏系统的运行效率。

可用面积计算公式如下：

$$A_{pr} = f_{r,pv} \times A_{roof}$$

$$f_{r,pv} = f_u \times f_b$$

式中：A_{roof} 为屋顶总面积，f_u 代表城市系数，f_b 代表建筑系数，城市中不同类型的楼宇其屋顶光伏可用面积系数不一样。

9.2.3　目标函数

模型考虑了综合能源系统的经济性和环保性，优化目标为使能量生产、转换设备和供能网络的年投资成本、运行维护成本和环境成本的总和最小，即

$$\mathrm{Min}C_{sum} = C_j^{ES} + C_{ij}^{ES} + C_{Env}^{ES}$$

式中：C_j^{ES} 为能源站经济成本，单位为元；C_{ij}^{ES} 为管网经济成本，即总能距，单位为元；C_{Env}^{ES} 为环境成本，单位为元。

能源站经济成本计算公式如下：

$$C_j^{ES} = C_o^{ES} \frac{r(1+r)^L}{r(1+r)^L - 1} + C_m^{ES}$$

$$C_o^{ES} = \left[2.118 \left(\frac{V^{ES} C_s}{10^7} \right)^{0.9198} + 27.54 \right] \times 10^7$$

$$C_m^{ES} = (\mu_1 + \mu_2) C_o^{ES}$$

式中：C_o^{ES} 为能源站 j 建设费用，单位为元；C_m^{ES} 为能源站 j 运维费用，单位为元；r 为年利率；V_j^{ES} 为能源站 j 的总容量，单位为 kW；C_s ——设备的单位容量投资成本，单位为元；μ_1 为人工费用比例系数；μ_2 为维护费用比例系数。

装机容量 V_j^{ES} 的计算公式如下：

$$ch_j^t = \sum_{i \in v(j)} \frac{q_{h,ij}^{end}}{1 - wL_{ij}}$$

$$cc_j^t = \sum_{i \in v(j)} \frac{q_{c,\,ij}^{\text{end}}}{1 - wL_{ij}}$$

$$V_j^{\text{ES}} = \max\{ch_j^t,\, cc_j^t\}, \quad \forall\, j \in V_n$$

$$q_{z,\,ij}^{\text{end}} = q_{m,\,z} \times F, \quad z \in \{h,\, c\}$$

式中：ch_j^t，cc_j^t 分别为能源站 j 在首端向负荷点 i 传输的热功率和冷功率，单位为 kW；$q_{h,\,ij}^{\text{end}}$，$q_{c,\,ij}^{\text{end}}$ 分布为负荷点 i 在末端接收到来自能源站 j 传输的热功率和冷功率，单位为 kW；w 为损耗率；L_{ij} 为 i，j 之间的管线长度，单位为 m；V_j^{ES} 为装机容量，单位为 kW。

管网经济成本即为系统总能距，即

$$C_{ij}^{\text{ES}} = \sum d_{ij}$$

在双碳目标下，我国碳市场的建立与运行将日趋完善，势必对城镇能源系统的规划产生重要影响，因此，有必要将环境成本纳入系统总成本，在目标函数中增加环境成本变量。根据碳排放交易机制，城镇能源系统的清洁型特征，将使系统本身可以通过减少的碳排放来获得自身收益，降低系统总成本。环境成本用燃烧天然气排放 CO_2 的碳排放量与配额碳排放指标差的价格来度量，即

$$C_{\text{Env}} = (Q_c - S_c)\rho_c$$

式中：Q_c 为系统一年燃烧天然气所排放 CO_2 的碳排放量，单位为 kg；S_c 为配额的碳排放指标，单位为 kg；ρ_e 为碳交易价格，单位为元/kg。

9.3 城镇综合能源共享系统布局算法

在现有能源系统"站-网"布局方法中，主要是将问题定位为 P 中位模型，需要预先假定 n 个候选站址，然后在候选站址中进行筛选，主观性较强，得到的结果不一定能够实现资源的最优配置和充分共享。本书基于图论原理，将最小生成树和聚类算法结合，无须预先假定候选站址，而是通过定量运算，以资源共享价值最大化为目标，实现城镇能源系统站址的协同布局。

首先，利用 Prim 算法在生成"站-网"图的最小生成树，通过最小生成树可以得到连接所有负荷中心且权重最小的管线初始路径。Prim 算法的核心是在带权连通图中，从任意一个顶点出发，不断地在边集合中找到最小的边，如果此边满足生成最小生成树的条件，就将其构造，直到最后得到一颗最小生成树。

其次，按照边的权重进行聚类，并重新计算每个簇的中心，使能源站向负荷集中的区域靠近，不断迭代直到能源站的数量出现收敛为止。聚类算法能够根据对象相似性进行分组，同组内相似性较高，不同组则差异性明显；利用 k 均值聚

类法，根据对象之间的距离相似性进行分类，从而由负荷中心的综合负荷量和坐标信息求得聚类中心。

最后，计算每个 k 能源站数量下的目标函数值，在能源站数量范围内取得目标函数值最小的能源站数量、位置以及管线布局，即为最优解。

具体算法流程如图 4 所示，详细流程如下。

对于给定的一个区域，输入已知信息：图 $G(V, E, W)$，图 9-3 中所有节点坐标为 $Z(V_x, V_y)$。其中，能源站的数量范围为：

初始时，令 $k=1$，目标函数 $C_{min}=\infty$；

步骤 1：用 Prim 算法求得图 G 的最小生成树 T，$T \subset E$。

步骤 2：随机选取 k 个负荷点作为能源站选址，记作 $j=1$，2，$\cdots$，k。

步骤 3：遍历所有负荷节点，在最小生成树 T 上计算负荷节点与所有能源站之间的路径权重 w_{ij}，即

$$w_{ij} = \sum_{v=i}^{j} w_{iv}$$

步骤 4：将负荷节点 v_i 分配给与它之间路径权重最小的能源站 v_j，即比较 $w_{ij}(j=1$，2，$\cdots$，$k)$ 大小找到最小的，将 v_i 纳入到集合 V_{ej} 中。遍历所有节点，直至负荷点被完全分配。

步骤 5：计算集合 V_{ej} 中负荷的重心位置，并将能源站位置分配给离重心最近的负荷点，即。

$$\begin{cases} x_{j'} = \dfrac{\sum\limits_{i \in V_j} x_i Q_i}{\sum\limits_{i \in V_j} Q_i} \\ \\ y_{j'} = \dfrac{\sum\limits_{i \in V_j} y_i Q_i}{\sum\limits_{i \in V_j} Q_i} \end{cases}$$

计算 $d'_{ij} = \sqrt{(x_{j'} - x_i)^2 + (y_{j'} - y_i)^2}$，取 d'_{ij} 值最小的负荷点 V_i 作为新的能源站点。

步骤 6：比较能源站点是否收敛，若收敛，则将能源站点存入 V_j 并进行下一步骤 7，若不是则返回步骤 3。

步骤 7：计算目标函数 $C_{sum}(k) = C_j^{ES} + C_{ij}^{ES} + C_{Env}$。

步骤 8：比较 $C_{sum}(k)$ 和 C_{min} 之间的大小，若 $C_{sum}(k)$ 大于 C_{min}，则跳到第 10 步，若 $C_{sum}(k)$ 小于 C_{min}，则进行第 9 步。

步骤9：令 $C_{\min} = C_{sum}(k)$，$n=k$，并保存 $C_{\min}$，n，V_{ej}，V_{j}，P。

步骤10：输出结果。

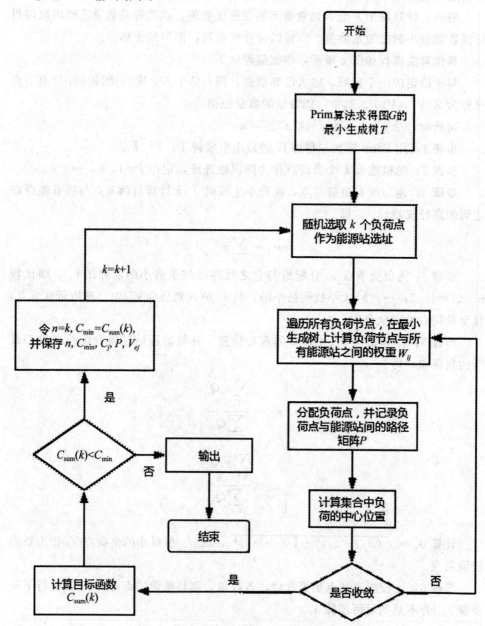

图9-3　城镇能源系统站网协同规划算法流程图

9.4　案例分析

　　本书以河北省某城镇规划区域为案例,对其进行城镇能源系统"站-网"布局的优化决策,以验证模型、算法的有效性和可行性。

9.4.1　案例介绍

　　案例区域面积为 $48km^2$,道路节点与负荷节点如图 9-4 所示。负荷区域到四周道路的管线采用向道路垂直铺设的方式,此时接入管线最短。根据待规划区域地理气候特征,其负荷区域各类型建筑指标见表 9-1。待规划区域中各个负荷点的规划面积和屋顶面积见表 9-2。待规划区域中各个负荷点的规划面积和屋顶面积见表 9-3。

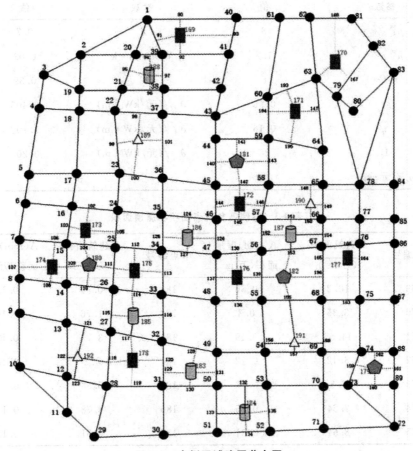

图 9-4　案例区域路网节点图

表 9-1　案例各类型建筑指标

建筑类型	q(m, h)单位面积热负荷(W/m²)	q(m, c)单位面积冷负荷(W/m²)	q(m, e)单位面积电负荷(W/m²)	γ(m, d)白天同时使用系数	γ(m, n)夜晚同时使用系数	f(b)建筑系数
居民小区	50	90	48	0.18	0.82	0.64
办公楼	60	95	66	0.87	0.02	0.75
商业楼	75	180	105	0.74	0.04	0.6
电动汽车充电站	0	0	7000	0.35	0.93	

表 9-2　案例仿真参数

参数	值	参数	值
$\mu_1^{PL}/\%$	3	λ	0.7
$\mu_2^{PL}/\%$	1.5	W/100m·k	0.03
$r/\%$	6	β	0.39
f_u	0.95	∂_e /(元/kW·m)	0.405
η	0.16	∂_h /(元/kW·m)	0.102
L	20	∂_c /(元/kW·m)	0.207
ρ_e /(元/kg)	0.2		

表 9-3　案例各负荷点面积和屋顶面积

节点编号	F建筑面积(万 m²)	A(roof)屋顶面积(万 m²)	节点编号	F建筑面积(万 m²)	A(roof)屋顶面积(万 m²)
169	10.2	0.38	181	0.92	0.12
170	8.35	0.3	182	1.76	0.16
171	14.55	0.49	183	3.72	0.17
172	6.42	0.22	184	4.2	0.18
173	7.8	0.27	185	5.56	0.18
174	7.24	0.25	186	3.78	0.14
175	8.61	0.31	187	4.31	0.18

续表

节点编号	F建筑面积 （万 m²）	A(roof)屋顶 面积（万 m²）	节点编号	F建筑面积 （万 m²）	A(roof)屋顶 面积（万 m²）
176	10.55	0.42	188	3.06	0.16
177	16.7	0.53	189	0.002	0
178	9.22	0.35	190	0.002	0
179	1.56	0.15	191	0.002	0
180	0.8	0.08	192	0.002	0

9.4.2 仿真结果与分析

利用 Python 3.7 编写系统"站-网"布局算法实现程序，完成案例区域的"站-网"系统布局仿真模拟计算。

9.4.2.1 最小生成树的建立

通过 Prim 算法得到区域路网节点图的最小生成树 T，如图 9-5 所示。图 9-5 中红色线条代表最小生成树，图上任意两个负荷中心都能通过一条且唯一的权重最小的路径相连，此路径包括电网、热力管道和冷管道。将图上的路径相加，得到的权重之和最小，即能距与拥堵系数乘积最小。

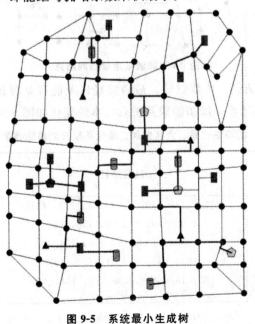

图 9-5 系统最小生成树

9.4.2.2 能源站数量、位置和供能范围的确定

在得到最小生成树的基础上，进一步利用聚类算法，通过在限定的能源站数量范围内进行迭代，直到获得使系统总成本最小的能源站数量、位置以及管线布局的最优解。算例区域的城镇能源系统"站-网"协同布局结果，如图9-6所示。图9-6中红星为最终确定的能源站位置，红色线条代表管线分布。整个区域被划分为3个供能区，一个能源站为多个负荷中心供能，而每个区及每个负荷中心仅由一个能源站供能，互不干涉。

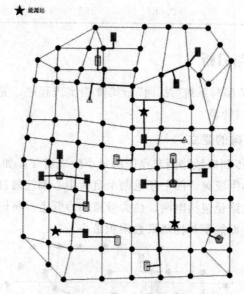

图 9-6 能源站定址布网结果

具体的能源站结点、负荷归属、最短路径以及能源站容量见表9-4。根据系统"站-网"布局模型计算，城镇能源系统总成本的变化如图9-7所示。

表 9-4 能源站位置、负荷归属、最优路径与能源站容量信息表

能源站	负荷点	最短路径	能源站容量/kW
191	176	176, 139, 182, 139, 55, 156, 191	3 947.10
	179	179, 159, 74, 69, 158, 191	
	182	182, 139, 55, 156, 191	
	184	184, 135, 53, 54, 157, 191	
	187	187, 153, 182, 139, 55, 156, 191	
	191	191, 191	
	177	177, 165, 196, 182, 139, 55, 156, 191	

续表

能源站	负荷点	最短路径	能源站 容量/kW
	169	169, 92, 39, 94, 188, 96, 38, 37, 43, 44, 141, 181	
	170	170, 63, 193, 60, 59, 141, 181	
	171	171, 193, 60, 59, 141, 181	
	172	172, 142, 181	
181	181	181, 181	4744.73
	186	186, 126, 46, 145, 172, 142, 181	
	188	188, 96, 38, 37, 43, 44, 141, 181	
	189	189, 98, 37, 43, 44, 141, 181	
	190	190, 146, 172, 142, 181	
	173	173, 104, 180, 111, 175, 114185, 115, 27, 121, 192	
	174	174, 109, 180, 111, 175, 114, 185, 115, 27, 121, 192	
	175	175, 114, 185, 115, 27, 121, 192	
	178	178, 118, 192	
192	180	180, 111, 175, 114, 185, 115, 27, 121, 192	4 586.76
	183	183, 129, 120, 178, 118, 192	
	185	185, 115, 27, 121, 192	
	192	192, 192	

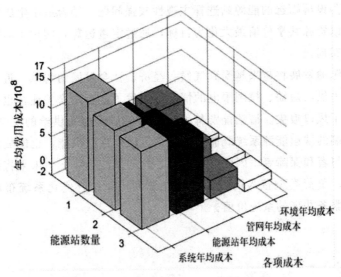

图 9-7　不同数量能源站年均费用成本

从图 9-7 中，我们可以看出：一是年均费用随着能源站数量的增加而呈现递减的趋势，当能源站数量为 3 的时候系统年均成本达到最小值；二是能源站的年均成本表现为随着能源站数量的增加而成本递增的趋势，说明能源站初期投资成本与能源站数量成正相关关系；三是管线年均成本则表现为与总成本一致的变化趋势，即随着能源站数量的增加、成本下降的趋势，能源站数量的增加减少了长距离管线的安装，避免远距离输送能源，节约了成本；四是系统的清洁性以及合理的"站-网"布局，使系统碳排放量远远低于配额，环境年均成本为负，且随着能源站数量增加，能源损耗进一步减小，环境成本持续下降。当能源站数量为 3 时，城镇能源系统总成本最小，此时整个系统实现最优协同布局。

在全球气候变化以及社会、经济发展愈加不确定性下，构建安全、可靠的能源体系，改善能源服务水平，提高能源资源的共享价值，实现能源福利共享成为能源发展的重心。城镇能源系统"站-网"布局涉及系统资源的优化配置，在特定区域内如何最有效率地满足能源需求，并使能源站的选址、最优管线路径、负荷归属等最大限度地发挥能源共享价值，是系统实现可持续发展的关键，同时也为未来城市能源体系的发展提供有价值的参考。

考虑到城镇综合能源共享系统所具有的局域网特性，在"站-网"布局中引入能距与拥堵系数两个因素，一方面充分考虑经济效益、运营成本以及管网能耗，另一方面将设备协同、能源共享作为负荷时间特性的约束，避免了高峰期能源站供能不足，保障了系统的安全性与可靠性。基于图论与聚类方法解决了以往能源站选址中先预设再筛选的能源站选择主观性较强问题，结合最小生成树与 k 均值聚类方法，以资源共享价值最大化为目标，通过定量运算，实现了城镇能源系统站址的协同布局。

未来能源的发展将越来越受到气候、经济、社会发展的约束，近期我国部分地区出现电力供给短缺、拉闸限电的情况，引发了社会高度关注，也再一次将能源改革推到了风口浪尖。清洁能源体系的建立基础是能源供给的安全与可持续，分布在用户端的城镇能源系统既能实现城镇区域内独立供能，也能成为广域能源互联网的参与者和保障者。因此，在去中心化的供能趋势下，未来将持续关注更多能源类型、负荷类型接入的城镇综合能源利用系统，优化系统布局，发挥能源、信息、服务共享的系统价值。

参考文献

[1]陈砺，王红林，方利国．能源概述[M]．北京：化学工业出版社．2009.

[2]黄素逸，王晓墨．节能概论[M]．武汉：华中科技大学出版社．2008.

[3]周万清．吉林省能源利用与经济可持续发展研究[D]．吉林大学，2009.

[4]高世宪等．推动能源生产和消费革命研究[M]．北京：中国经济出版社．2014.

[5]任朝旺，任玉娜．共享经济之辩[J]．贵州社会科学，2020（04）：123-128.

[6]周礼艳．基于O2O的共享经济商业模式分析及构建[J]．商业经济研究，2016（22）：69-71.

[7]邓大鸣，李子建．共享单车押金的性质及其监管问题探究[J]．西南交通大学学报（社会科学版），2017，18（04）：94-100.

[8]张国胜．基于社会成本考虑的农民工市民化：一个转轨中发展大国的视角与政策选择[J]．中国软科学，2009（04）：56-69，79.

[9]Chinese D. Optimal size and layout planning for district heating and cooling networks with distributed generation options[J]. International Journal of Energy Sector Management，2008，2(3)：385-419.

[10]魏海蕊，董明．基于双层规划的分布式能源系统供能网络构建模型研究[J]．中国矿业，2009，18(9)：108-115.

[11]李洪强，张晓烽，董文静，等．智慧建筑能源物联网冷热输送管网优化研究[J]．工程热物理学报，2014，35(7)：1275-1279.

[12]龙惟定，白玮，范蕊，等．低碳城市的区域建筑能源规划[M]．北京：中国建筑工业出版社，2010：284-286.

[13]Aykin T. Lagrangianrelaxationbased approaches to capacitatedhub-and-spoke network design problem[J]. European Journal of OperationalResearch，1994，79(3)：501-523.

[14]鲁宗相，王彩霞，闵勇，周双喜，吕金祥，王云波．微电网研究综述[J]．电力系统自动化，2007(19)：101-107.

[15]中华人民共和国国务院新闻办公室．新时代的中国能源发展[Z]．北京：人民出版社，2020.

[16]Peter F. Drocker. The Theory of the Business[J]. Harvard Business Review，1994. 72(5)：95-104.

[17] Michael A. Rappa. The utility business model and the future of computing services[J]. IBM Systems Journal 2004(43)1：32-42.

[18]Morris M，Schindehutte M and Allen J. The entrepreneur's business model：toward a unified pempective[J]. Journal of Business Research，2003，58(1)：726-735.

[19]翁君奕．介观商务模式：管理领域的"纳米"研究[J]．中国经济问题，2004(01)：34-40.

[20]原磊．商业模式体系重构[J]．中国工业经济，2007(6)：70-79.

[21] Zott CandAmit R. Business model design：An activity system perspective[J]. LoIlg RangePlanning，2009，(7)：1-11.

[22]魏炜，朱武祥．发现商业模式[M]．北京：机械工业出版社．2009.